Salmos de plantão

Salmos de plantão (em itálico)
por Médicos de Cristo
©Médicos de Cristo,
publicado por Publicações Pão Diário, 2024
Todos os direitos reservados.

Coordenação editorial: Adolfo A. Hickmann
Preparação do texto e revisão: Adolfo A. Hickmann, Céfora Carvalho, Rita Rosário
Coordenação gráfica: Audrey Novac Ribeiro
Projeto gráfico: Rebeka Werner

Dados Internacionais de Catalogação na Publicação (CIP)

SANTANA, Glauco Franco et al. (Organizadores)
Salmos de plantão
Curitiba/PR, Publicações Pão Diário
1. Vida cristã   2. Espiritualidade   3. Devocional   4. Médicos

Proibida a reprodução total ou parcial, sem prévia autorização, por escrito, da editora. Todos os direitos reservados e protegidos pela Lei 9.610 de 19/02/1998.
Quando autorizada, a reprodução de qualquer parte desta obra deverá conter a referência bibliográfica completa. Permissão para reprodução: permissao@paodiario.org

Exceto se indicado o contrário, as citações bíblicas são extraídas da edição Nova Almeida Atualizada, de João Ferreira de Almeida © 2017, Sociedade Bíblica do Brasil.

Publicações Pão Diário
Caixa Postal 9740
82620-981 Curitiba/PR, Brasil
publicacoes@paodiario.org
www.publicacoespaodiario.com.br
Telefone: (41) 3257-4028

T0259 • ISBN: 978-65-5350-475-2

1.ª edição: 2024

Impresso no Brasil

Prefácio

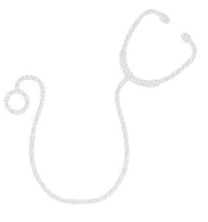

O livro *Salmos de plantão* foi compilado a partir de devocionais enviados por profissionais e estudantes da área de saúde que participaram de um concurso promovido pela associação *Médicos de Cristo*. O livro de Salmos foi definido como aquele de onde os textos deveriam se inspirar. Assim, irmãos e irmãs do Brasil e Portugal foram usados como instrumentos para a realização desse projeto e esperamos que a leitura dos artigos seja motivo de bênçãos aos leitores.

Temos que agradecer a Odilon Gariglio Alvarenga de Freitas pela ideia do projeto; Bianca Sampaio, Edgar Schiefelbein, Maria da Conceição Antônio e Soraya Dias pela execução do concurso e julgamento dos devocionais; Edilson Freitas e os colaboradores de Publicações Pão Diário pela aprovação imediata do projeto e impressão do livro; todos aqueles que se empenharam em escrever o devocional e participar desse desafio.

Agradecemos a Deus por colocar no coração de profissionais e estudantes da área de saúde o desejo em servir ao reino através do seu trabalho.

"Não a nós, SENHOR, não a nós, mas ao teu nome dá glória, por amor da tua misericórdia e da tua fidelidade" (Salmo 115:1).

diretoria do Médicos de Cristo

Apresentação

O livro de Salmos tem tudo a ver com oração de fé, e nos leva a lembrar de diferentes momentos que atravessamos em nossa vida, como quando navegamos em angústias, medos e incertezas, mas sempre permeando nessas marés com salmos de louvor e adoração.

Segundo alguns estudos, foram seis os autores dos Salmos, dos quais, quase a metade tem sua autoria dada a Davi, "homem segundo o meu coração [de Deus]" (Atos 13:22). Nas mais diversas fases da vida, Davi, assim como nós, teve altos e baixos, mas sempre esteve firmado na rocha de sua salvação (Salmo 62), prenunciando Jesus Cristo, Deus encarnado que se fez homem, habitou entre nós, sofreu toda a ordem de desafios e tentações que um ser humano pode atravessar, mas o fez sem pecar (1 Pedro 2:22, Hebreus 4:15). "O Cordeiro de Deus que tira o pecado de mundo" (João 1:29), agora assume nossa defesa noite e dia diante de Deus Pai (Hebreus 9:11-14,24).

Plantões tem tudo a ver com incertezas, desafios que muitas vezes são maiores que nosso conhecimento ou recursos, levando-nos ao desespero. Mas então vem a grata notícia: não há o que temer diante do que enfrentaremos, por que o mesmo que inspirou o autor dos Salmos, não "descansa "nem dorme" (Salmo 121:4). Ao mesmo tempo, que nos alerta que teremos turbulências em nossas vidas, nos estimula a ter um "bom ânimo, porque Ele venceu o mundo" (João 16:33).

Que estas meditações de Salmos de Plantão sejam um agir do Espírito Santo em nós, levando-nos a reconhecê-lo nos detalhes do dia a dia, mesmo que não estejamos de "plantão".

Nossa oração também é, para aqueles que ainda não conhecem o "Médico dos médicos", possam se render ao Seu amor imensurável e incondicional.

Edgar Schiefelbein

Um sono tranquilo

*Porém tu, SENHOR, és o meu escudo protetor,
és a minha glória e o que exalta a minha cabeça.
Com a minha voz clamo ao SENHOR, e ele do seu
santo monte me responde. Eu me deito e pego
no sono; acordo, porque o SENHOR me sustenta.*

Salmo 3:3-5

Nesse Salmo, escrito por Davi quando fugia para não ser morto pelo seu próprio filho Absalão, escreve o rei: "Eu me deito e pego no sono; acordo, porque o SENHOR me sustenta" (Salmo 3:5). Em algumas versões, encontramos a tradução: "deito-me e durmo...", que expressa bem o sentido original do texto.

Faz parte das obrigações da maior parte dos médicos estarem de plantão com frequência, muitas vezes de noite e no final de semana. Para isso é necessário sacrificarem a necessidade fisiológica de dormir, para estarem disponíveis para o atendimento aos pacientes. Alguns adaptam-se bem a esta mudança nos seus hábitos de sono, outros têm de fazer um enorme esforço para ficarem acordados, demorando tempo para recuperar totalmente da privação do sono, mesmo quando conseguem dormir mais horas no dia seguinte.

Na sociedade atual, altamente competitiva e exigente, mas que oferece também muitas formas de entretenimento e distração, como é o caso das redes sociais, houve um declínio acentuado do tempo e qualidade do sono. Uma pesquisa da Universidade de

Oxford revelou que, atualmente, as pessoas dormem 1-2 horas menos do que há 60 anos. As perturbações crônicas do sono estão associadas a vários problemas de saúde, como: a hipertensão arterial, a diabetes, a obesidade, doenças cardiovasculares como o infarto do miocárdio e o AVC, ansiedade e depressão. Alguns dos benefícios de um sono de qualidade incluem: maior energia, maior capacidade de memória e concentração, sistema imunitário mais eficiente, redução dos níveis de estresse, aumento da expectativa de vida.

O salmista reconhece que um dos ingredientes para um sono tranquilo e restaurador é confiar em Deus. Para isso é necessário conhecermos o Senhor e mantermos um relacionamento de intimidade com Ele. Quando olhamos para trás, e constatamos o cuidado e proteção de Deus ao longo da nossa vida, isso nos ajuda a enfrentar o futuro com confiança. Na verdade, o Senhor é fiel, é o nosso escudo protetor, a nossa glória, e nos permite andar confiantes, de cabeça erguida (Salmo 5:3).

Para podermos experimentar esta paz e confiança inabalável em Deus, precisamos de buscá-lo em oração, como Davi (v.5), confiando que o Senhor irá responder, no Seu tempo e de acordo com Seus planos. Mesmo quando os problemas que temos de enfrentar parecem não ter solução, quando as circunstâncias são difíceis e sem fim à vista, quando lidamos com doenças de natureza física ou mental, devemos colocar a nossa confiança no Senhor, pois para Deus não há impossíveis.

Tal como Davi, que possamos experimentar o prazer de noites bem dormidas, de sono profundo e restaurador, mesmo nos momentos mais difíceis, sabendo que o Senhor nos ama, nos sustém, e deseja o melhor para a nossa vida.

Jorge Cruz — Médico, Porto/Portugal

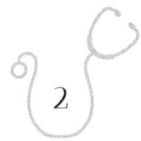

A dignidade do ser humano

...que é o homem, para que dele te lembres? E o filho do homem, para que o visites? Fizeste-o, no entanto, por um pouco menor do que Deus e de glória e de honra o coroaste. Deste-lhe domínio sobre as obras da tua mão e sob seus pés tudo lhe puseste.

Salmo 8:4-6

Cada ser humano tem um enorme valor aos olhos de Deus, pois foi criado à Sua imagem. É isso que confere honra e dignidade a cada pessoa, seja homem ou mulher, novo ou idoso, rico ou pobre. A dignidade de cada ser humano é intrínseca e o resultado da sua dimensão espiritual, reflete a imagem de Deus (Gênesis 1:26-27) e nos permite conhecê-lo e amá-lo.

Ao contemplar a beleza e majestade da criação, o rei Davi indaga: "Que é o homem, para que dele te lembres? E o filho do homem, para que o visites?" (v.4). E reconhece que o ser humano é a obra suprema da criação de Deus, apenas ultrapassado pelos anjos: "Fizeste-o, no entanto, por um pouco menor do que Deus e de glória e de honra o coroaste. Deste-lhe domínio sobre as obras da tua mão e sob seus pés tudo lhe puseste" (vs. 5-6).

O autor da carta aos Hebreus, após citar esses versículos do Salmo 8, acrescenta um outro argumento que confere honra e dignidade ao ser humano, que é o fato de Jesus Cristo ter morrido na cruz em nosso lugar (Hebreus 2:6-10). Esse amor incomensurável de Deus, claramente demonstrado na cruz do calvário, revela de uma forma pungente o valor infinito de cada pessoa (João 3:16).

Esta consciência da dignidade do ser humano ajuda-nos a nos relacionarmos com os outros de uma maneira saudável e de acordo com os propósitos do Senhor. Ajuda-nos a lidar com problemas éticos na prática profissional de uma forma correta e que agrada a Deus, promovendo e protegendo a vida humana desde a concepção até à morte natural. Ajuda-nos a atendermos os pacientes de maneira respeitosa e humanizada, seja qual for a sua idade, raça, cultura ou condição social. Os pacientes difíceis, por apresentarem transtornos de personalidade, por serem agressivos, por rejeitarem as recomendações médicas, ou por terem doenças crônicas ou complexas, devem receber o mesmo grau de atenção dos profissionais de saúde do que aqueles com quem é mais fácil lidar. Todos eles, sem exceção, refletem a glória de Deus e têm a marca da eternidade.

Jorge Cruz — Médico, Porto/Portugal

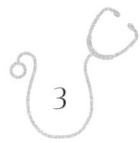

A vida é breve

Senhor, dá-me a conhecer o meu fim e qual é a soma dos meus dias, para que eu reconheça a minha fragilidade. Deste aos meus dias o comprimento de alguns palmos; à tua presença, o prazo da minha vida é nada. Na verdade, todo ser humano, por mais firme que esteja, é pura vaidade.

Salmo 39:4-5

A brevidade da vida humana tem sido tema de discussão filosófica desde a Antiguidade. Oliver Burkeman, que tem escrito vários livros sobre gestão do tempo, apercebeu-se de que uma pessoa que viver até os 80 anos terá apenas 4 mil semanas ao longo da sua vida. Aos 40 anos, se a pessoa viver até os 80, só lhe restam 2 mil semanas, e aos 60 apenas mil.

Nesse salmo, o rei Davi expressa em poucas palavras esta realidade incontornável da sua vida e de todas as pessoas: "à tua presença, o prazo da minha vida é nada" (Salmo 39:5), "Deste aos meus dias o comprimento de alguns palmos" (v. 5).

A maioria das doenças, como as cardiovasculares e oncológicas (as duas principais causas de morte no mundo) são influenciadas por fatores de risco comportamentais relacionados com o estilo de vida. Estudos recentes revelaram que a adoção de comportamentos saudáveis como não fumar, controlar o peso, fazer exercício físico diariamente, evitar bebidas alcoólicas e fazer uma alimentação saudável, rica em vegetais, podem contribuir para uma menor incidência de doenças cardiovasculares, câncer e diabetes, e um aumento de 6-10 anos da expectativa de vida. No entanto, mais cedo ou mais tarde chega sempre o momento da morte. Billy Graham escreveu que "ninguém está verdadeiramente preparado para viver enquanto não estiver preparado para morrer". A consciência de que a vida é breve deve levar-nos a refletir acerca do sentido da vida e das nossas prioridades.

Nesse salmo, Davi aponta o caminho e transmite uma mensagem de ânimo e esperança para os que creem no Deus vivo, quando refere: "Tu és minha esperança" (v.7).

Aceitar a nossa finitude ajuda-nos a definir o que realmente importa na vida e a viver de uma maneira mais tranquila e confiante, cumprindo nosso chamado e vocação.

Em última análise, pouco importa se nossos anos de vida são curtos ou longos, mas sim se a forma como vivemos agrada ao Senhor e se estamos com expectativa pelo dia feliz em que o veremos face a face.

Jorge Cruz — Médico, Porto/Portugal

Retornando ao descanso

*Ó minha alma, volte ao seu sossego,
pois o SENHOR tem sido bom para você.*

Salmo 116:7

É notória a pandemia do cansaço atualmente. Dificilmente, em um dia de atendimento no consultório, não presenciamos ao menos um indivíduo com quadro de fadiga, quer esta seja ligada ao trabalho (*workaholic*, *burnout*), ao desejo frustrado de controle sobre a vida (ansiedade), à falta de vontade de viver (depressão) ou, até mesmo, a causas orgânicas de cansaço (anemia, hipotireoidismo, insônia). Sabemos, inclusive, que a falta do Sábado (reservarmos um dia da semana para, literalmente, parar), o sedentarismo e a falta das horas mínimas de sono diariamente, costumam ser responsáveis por parte deste quadro clínico. Porém, é inegável que, por vezes, a nossa energia é sugada por nos distanciarmos da presença do nosso Deus.

Quando Moisés, já foragido do Egito e estando junto ao povo de Israel, foi convocado pelo Senhor a liderar a ida do povo até Canaã (Terra Prometida), este mesmo Senhor o dá a maior das motivações: "A minha presença irá com você, e eu lhe darei descanso" (Êxodo 33:14). Lembremos que, na duradoura caminhada pelo deserto, o povo judeu enfrentou perseguição egípcia, sede, fadiga corporal, batalhas com outros povos, dentre outros. Em que momento, desta história, vemos o descanso que Deus prometeu a Moisés? Ora, em meio a todas as dificuldades, o Senhor se fez presente, sendo a nuvem sombreada durante o dia, a nuvem de fogo durante a noite, sustento, *Yahvé* (Deus dos exércitos), dentre outros, sempre suprindo as necessidades do Seu povo. Assim como o Salmo 23:4 destaca, "Ainda que eu ande pelo vale da sombra da morte, não temerei mal nenhum, porque tu estás comigo". A companhia de Deus não nos isenta de problemas, mas sim nos concede força, consolo, motivação e orientação durante tais dificuldades; nos traz, assim, descanso para a alma. Da mesma forma, nós, sempre que enfrentarmos desafios, os quais por vezes nos desmotivam, trazem medo e provam a nossa confiança em Deus, espelhemo-nos em Moisés e caminhemos com o Senhor, confiando em Sua palavra e desfrutando do descanso de Sua companhia. Ó, alma aflita, retorne ao sossego. Ó, alma distante, volte-se ao seu Deus. Ó, alma sobrecarregada, dirija-se a Jesus e desfrute da leveza deste fardo. Que, na pandemia do cansaço, possamos remar em direção oposta ao mundo, dirigindo-nos aos braços do nosso Pai, onde encontraremos verdadeiro descanso.

José Otavio Cavani Ferraz de Almeida — Médico, Uberaba/MG

Vigiai e orai

*Pois contra mim se levantam os insolentes,
e os violentos procuram tirar-me a vida;
eles não têm Deus diante de si.*

Salmo 54:3

Ao iniciarmos a manhã de nosso dia, a caminho do trabalho, devemos clamar a Deus por Sua proteção. Não podemos dar brechas ao inimigo. Como Pedro destaca, "Sede sóbrios e vigilantes. O inimigo de vocês, o diabo, anda em derredor, como leão que ruge procurando alguém para devorar" (1 Pedro 5:8). Por vezes, quando atendemos indivíduos com doenças de cunho mental, vigiemos, pois estas ocasiões são porta de entrada para o inimigo e, uma vez que nós nos envolvemos nos cuidados destas pessoas, certamente ele intentará contra nós. Por vezes, quando entra em nosso consultório uma pessoa com religião pagã, seja ela qual for, saibamos que também podemos estar sendo alvo do inimigo. E, antes que lhe pareça exagero tais colocações até aqui, lembre-se das palavras de Jesus: "Se o mundo odeia vocês, saibam que, antes de odiar vocês, odiou a mim" (João 15:18).

A área da saúde é muito visada por Satanás, porque pessoas doentes costumam se tornar frágeis, distanciarem-se de Deus, desanimarem em sua fé e, por vezes, difamarem o santo nome do Senhor. Quando atendemos indivíduos nesta situação, em muitos casos estamos diante de alguém tomado pelo inimigo, sendo perturbado por ele. Ora, se assim é, precisamos nos proteger. Precisamos clamar ao Deus *Yahvé* para que batalhe por nós. Precisamos nos santificar. Precisamos nos encher do Espírito. Precisamos estar conectados à Palavra de Deus.

A batalha espiritual é diária, e nós nunca poderemos vencê-la sozinhos. Sim, diariamente nós somos alvos, inclusive em nosso trabalho; porém, não tema. O mesmo Jesus que nos alerta sobre o ódio do mundo, afirma que "No mundo, vocês passam por aflições; mas tenham coragem: eu venci o mundo" (João 16:33). Assim sendo, hoje, clame ao Senhor por Sua proteção, peça a Ele para reconhecer os ataques do inimigo, mas também, permita-se ser usado por nosso Deus, pois da mesma forma que Jesus venceu o mundo, Ele nos traz vitória sobre o inimigo e, também, pode nos usar para trazermos vitória aos doentes que atendemos no dia a dia.

José Otavio Cavani Ferraz de Almeida — Médico, Uberaba/MG

Tanto esforço por nada!

*Se o SENHOR não edificar a casa,
em vão trabalham os que a edificam; se o SENHOR
não guardar a cidade, em vão vigia a sentinela.*

Salmo 127:1

Lembro-me de um plantão na Unidade Coronária em que me pareceu que tudo deu errado. Naquela noite uma senhora aparentada do chefe da hemodinâmica que fora admitida após angioplastia eletiva apresentou infarto agudo do miocárdio e edema agudo de pulmão; os dois pacientes admitidos no pós-operatório de revascularização miocárdica evoluíram com choque e faleceram; as tentativas de punção de acesso venoso central em um paciente não tiveram êxito e a equipe toda estava num mau humor pouco habitual.

Por volta de 4 horas da manhã assentei diante de um leito qualquer, olhando para lugar nenhum – ou talvez para dentro de mim – e segurei o choro. Refiz na minha mente tudo que havia feito buscando respostas, perguntando onde foi que tinha errado? Não encontrei explicação para essa questão e não achei alívio para minha tristeza, sentia-me um derrotado. Tanto esforço, tanto estudo e com uma atitude profissional extremamente madura e responsável apesar de ainda muito jovem, porém, nada disso bastou.

Outras vezes na minha vida as coisas não deram certo apesar das decisões terem sido tomadas com rigor racional. Prejuízo em negociação, planos que desmoronaram, relações que sucumbiram, escolhas aparentemente corretas que se mostraram equivocadas. E aquela velha questão novamente batendo na minha cabeça: onde foi que errei?

A busca pela perfeição, a capacitação para realizar os projetos, os estudos visando se tornar um profissional com excelência e o sacrifício para entregar o seu melhor é uma obrigação de cada um de nós que ama o que faz e que faz do seu trabalho um instrumento de benção para terceiros. No entanto, tudo isso será em vão se Deus não for o Senhor absoluto das nossas ações, o motivo do nosso labor e a mão firme que conduz nossos passos.

Quer continuar fracassando? Acredite apenas em si mesmo e deixe Deus em segundo plano. Deseja se frustrar repetidamente? Confie somente nas suas capacidades, imagine que suas habilidades são fruto de sua inteligência e dedicação e esqueça que é apenas um miserável pecador.

Que nossos plantões, relacionamentos, planos ou qualquer atitude cotidiana estejam firmados e fundamentados no nosso viver com Ele e para Ele. Que nosso trabalho não seja em vão e nossa vida não seja um eterno correr atrás do vento. Que nossos sonhos e desejos sejam colocados em nosso coração pelo Deus desse Universo! Caso contrário será inútil levantar-se de madrugada, repousar tarde e comer o pão de dores.

Glauco Franco Santana — Médico, Patos de Minas/MG

Pacientes do Médico dos médicos

Esperei com paciência pelo SENHOR; *ele se inclinou para mim e me ouviu quando clamei por socorro.*

Salmo 40:1

O fruto do Espírito Santo são nove virtudes que o cristão deve buscar desenvolver em sua vida para se tornar mais semelhante a Cristo. "Mas o fruto do Espírito é amor, alegria, paz, longanimidade, benignidade, bondade, fidelidade, mansidão, domínio próprio" (Gálatas 5:22). Sim! Paciência é fruto do Espírito Santo e deve ser buscada por nós!

Entre outras coisas paciência significa *ser paciente*! O que é ser paciente? Para a maioria de nós, não é só a pessoa que tem paciência, mas também a pessoa que busca cuidados do profissional de saúde – esse cuida do paciente!

Mas o que é um paciente? É aquele que tem um problema e não tem a solução, então precisa confiar na mão do outro; o paciente é dependente do médico, ele é humilde por reconhecer que por si mesmo não tem a solução e precisa de ajuda. O paciente, às vezes, sabe que talvez vá levar tempo para adquirir o que quer: a cura. Assim tem esperanças...

Buscamos o profissional de saúde na esperança de que ele vá achar a cura e/ou aliviar a dor. Então, pensando mais profundamente, essa deve ser nossa relação com Deus!! Pacientes de Deus! Aquele que é dependente do Senhor e com humildade reconhece que esse atributo não vem de si; que tem a consciência que a paciência levará tempo e que tem esperança...esperança de que seremos moldados por toda a vida pelo nosso Criador.

Ao lermos a Bíblia e nos aprofundarmos mais sobre esse tema encontramos várias formas de sermos pacientes, termos paciência e como nosso Senhor demonstra a Sua com maestria para conosco: "O amor é paciente e bondoso [...] tudo sofre, tudo crê, tudo espera, tudo suporta" (1 Coríntios 13:4,7). Temos então, uma decisão contínua de amar. Isso leva tempo e paciência.

"Alegrem-se na esperança, sejam pacientes na tribulação e perseverem na oração" (Romanos 12:12). O mundo é caído, passaremos por dificuldades, então não tem como o sofrimento acabar de imediato; é um processo e temos que esperar com paciência o passar por tribulações!

"Com toda a humildade e mansidão, com longanimidade, suportando uns aos outros em amor..." (Efésios 4:2). A partir desse versículo concluímos que somos apoio uns dos outros e com isso suportarmos com paciência.

"Mas, se esperamos o que não vemos, com paciência o aguardamos" (Romanos 8:25). Não sabemos o futuro e temos que esperar e aguardar com paciência. "Espere no SENHOR. Anime-se, e fortifique-se o seu coração; espere, pois, no SENHOR" (Salmo 27:14). Isso é paciência em tempos de angústia.

Se nossos pacientes confiam seu tratamento a nós, seres humanos limitados e erráticos, por que muitas vezes abandonamos o tratamento do Médico dos médicos? Ele se inclina, ouve-nos e nos sara! Devemos entregar nossas dores físicas e emocionais ao Senhor como pacientes disciplinados a agradecidos, certos de que os cuidados que Ele nos dá garantem a cura para todos nossos males.

Cristiane Almeida Maciel Santana — Fonoaudióloga, Patos de Minas/MG

Paz em meio à ansiedade

*Quando a ansiedade já me dominava no íntimo,
o teu consolo trouxe alívio à minha alma.*

Salmo 94:19 (NVI)

Neste versículo, o salmista expressa a realidade da ansiedade que muitas vezes nos envolve. A ansiedade pode ser uma emoção esmagadora que nos consome por dentro, deixando nos inquietos e perturbados. Lidar com o peso das expectativas, a pressão do tempo e a responsabilidade de cuidar da saúde dos outros pode gerar uma carga emocional difícil de suportar. No entanto, o salmista nos lembra de uma verdade poderosa: o consolo de Deus traz alívio para a nossa alma.

Quando nos sentimos ansiosos, é fácil nós perdermos em preocupações e medos, esquecendo-nos de buscar o consolo de Deus. Mas Ele está sempre presente, pronto para nos confortar e acalmar nossos corações atribulados. Ele nos oferece paz que vai além da compreensão humana, uma paz que guarda nossos corações e mentes em Cristo Jesus. Portanto, quando a ansiedade ameaçar nos dominar, podemos nos voltar para Deus em oração e confiança. Ele é nosso refúgio e fortaleza, um socorro bem presente nas tribulações. Que possamos encontrar conforto e esperança em Sua presença, sabendo que Ele está no controle e cuida de nós em todos os momentos.

O Salmo 37:5 oferece uma orientação preciosa para enfrentar a ansiedade que permeia a sua vida profissional: "Entregue o seu caminho ao SENHOR; confie nele, e o mais ele fará" (Salmo 37:5). Essas palavras não apenas o convidam a render-se diante do Criador, mas também prometem uma resposta divina à sua entrega. Entregar o seu caminho ao Senhor é reconhecer que você não está sozinho nesta jornada. É confiar que, mesmo quando as circunstâncias parecem fora de controle, há um plano maior em ação. É soltar o fardo da ansiedade e permitir que a paz de Deus permeie o seu coração e a sua mente. Confiar em Deus não significa ignorar os desafios que você enfrenta como profissional, mas sim reconhecer que Ele é soberano sobre todas as coisas. Ele é aquele que guia os seus passos, capacita as suas mãos e oferece sabedoria para tomar decisões difíceis.

Quando a ansiedade ameaçar sobrecarregá-lo, reserve um momento para entregar seus fardos ao Senhor. Ore, medite nas Suas promessas e permita que a paz que excede todo entendimento encha o seu coração. Lembre-se de que você não está sozinho, e que o próprio Deus está ao seu lado em cada passo do caminho.

Ore: *Querido Deus, em meio às pressões e desafios da minha profissão, entrego o meu caminho a Ti. Ajuda-me a confiar em Ti completamente e a encontrar a paz que só o Senhor pode oferecer. Capacita-me para cuidar dos meus pacientes com amor, sabedoria e compaixão. Que eu possa transmitir a paz, a esperança e a alegria que só o Espírito Santo pode dar. Em nome de Jesus, amém.*

Ana Carolina Soares Dumont — Estudante de medicina, Belo Horizonte/MG

Feridas na alma

Elevo a Deus a minha voz e clamo, elevo a Deus a minha voz, para que me atenda. No dia da minha angústia, procuro o Senhor; erguem-se as minhas mãos durante a noite e não se cansam; a minha alma não encontra consolo. Lembro-me de Deus e começo a gemer; medito, e o meu espírito desfalece. Não me deixas pregar os olhos; tão perturbado estou, que nem posso falar. Penso nos dias de outrora, trago à lembrança os anos de tempos passados. De noite indago o meu íntimo, e o meu espírito pergunta: "Será que o Senhor nos rejeitará para sempre? Acaso, não voltará a ser propício? Cessou perpetuamente a sua graça? Caducou a sua promessa para todas as gerações? Será que Deus se esqueceu de ser bondoso? Ou será que encerrou as suas misericórdias na sua ira?"

Salmo 77:1-9

Existem feridas na alma, tão profundas, que se "apoderam" de nós por anos, trazendo-nos sofrimento e desordens. Muitas vezes a caminhada é árdua, dolorida, nossa alma entristece, nosso espírito fica abatido e ficamos inertes à vida. Ficamos paralisados!

Mas o Senhor começa a nos impulsionar, mesmo sem sabermos. Às vezes, isso dói muito! Até entendermos que esse momento de dor nos faz crescer, como quando éramos adolescentes e o crescimento dos ossos nos causava dores. Ou quando éramos crianças e a erupção dos dentes decíduos nos trazia incômodos.

Nesse momento, Deus vai nos mostrando o outro lado, vai nos enchendo de amor e esperança. Ele vai nos mostrando que esse momento não é um fim em si mesmo. Que, apesar da dor da alma, isso nos fará mais fortes e resilientes e pessoas melhores!

Sim. Não conseguimos ter essa clareza no momento da dor aguda. Bate o desespero, a desesperança. Somente após algum tempo é que a nossa capacidade de reflexão agrega. Só Jesus pode lavar as feridas, limpá-las e depois suturá-las!

As marcas, algumas vezes, somem por completo. E outras vezes ainda persistem, como cicatrizes que nos fazem lembrar de onde saímos, onde estamos e aonde chegaremos na presença do Senhor!

Independentemente das marcas, que ficam ou não, Ele nos permite ver o quanto é misericordioso, amoroso e o quanto é capaz de nos transformar!

Rita Sibele de Souza Esteves — Dentista, Belo Horizonte/MG

10

Maravilhas diante de nossos olhos

*Os céus proclamam a glória de Deus,
e o firmamento anuncia as obras das suas mãos.*

Salmo 19:1

O esplendor e poder de Deus podem ser vistos também por meio da natureza. Como não olhar para o céu, observar as estrelas, ver a lua cheia com seu brilho, imaginar a imensidão do cosmos e não adorar aquele que tudo criou? A passagem de um cometa, uma estrela cadente ou mesmo um eclipse lunar são imagens que nos fazem ficar maravilhados diante da beleza do Universo. Imagino a alegria no coração ao contemplar as luzes coloridas da aurora boreal ou os raios vulcânicos.

Mas a natureza criada por Deus não se resume apenas à imensidão do Universo ou aos fenômenos terrestres. A Sua majestade pode ser igualmente percebida no corpo humano. Qual estudante não se admira quando aprende pela primeira vez sobre a perfeição do funcionamento do sistema cardiovascular e do trabalho de bomba do coração? Quem não fica perplexo ao descobrir que o cérebro tem mais de 1 bilhão de neurônios, extensas conexões e capacidade de controlar todas as nossas atividades tanto voluntárias quanto involuntárias?

E pensando em estruturas microscópicas, a inteligência suprema de Deus nos é apresentada mais uma vez. Quando começamos a entender o comportamento de uma célula, estrutura não visualizada a olho nu, mas que é de uma complexidade tão grande, como não enxergar a Sua grandeza?

E toda essa capacidade criativa do Pai é mais admirável ainda quando pensamos que não existe ou existiu um ser humano sequer igual ao outro. O Criador nos fez diferentes, não repetiu a receita, nada de Control C – Control V! E conhece cada um de nós antes mesmo de termos sido formados no ventre materno!

Conhecer o corpo humano também é motivo de enxergar a grandeza de Deus e Sua revelação geral. As células proclamam a Sua glória, o genoma anuncia as obras de Suas mãos! Conhecer anatomia, histologia e fisiologia e não reconhecer e render graças ao Criador é, como disse o apóstolo Paulo, tornar qualquer sabedoria em loucura.

Quer seja um átomo ou uma galáxia, uma estrutura de DNA ou um corpo celeste, todas essas coisas me fazem lembrar de uma linda canção:

Senhor, meu Deus, quando eu, maravilhado,
Contemplo a tua imensa criação,
A terra e o mar e o céu todo estrelado
Me vêm falar da tua perfeição.

Então minh'alma canta a ti, Senhor:
Grandioso és Tu! Grandioso és Tu! (HC 526)

Glauco Franco Santana — Médico, Patos de Minas/MG

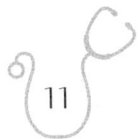

A espera no Senhor

*De manhã, Senhor,
ouves a minha voz; de manhã apresento
a minha oração e fico esperando.*

Salmo 5:3 (ARA)

Hoje minha leitura bíblica diária foi nesse versículo do Salmo 5. Sua mensagem me remeteu a estimular expectativas através da diversificação do nosso tempo devocional; ou seja, fazer coisas diferentes, sempre envolvendo uma conversa e expectativa de que Deus nos fale algo novo. E como o Senhor é fiel, Ele sempre nos traz novidades quando o esperamos! Aleluia!

Em geral, Deus fala conosco para revelar basicamente três coisas: algo sobre o Seu caráter, que possa nos direcionar para mais perto dele; Seus propósitos, o que nos desafia a juntar-nos a Ele; e Seus modos de agir, mostrando-nos estratégias para que Ele possa se revelar a outras pessoas por nosso intermédio, seja para evangelizá-las ou termos comunhão com elas.

Fiz uma viagem no tempo trazendo alguns momentos marcantes em que Deus me surpreendeu revelando-se a mim. Lembro-me de uma ocasião em que eu estava em um plantão na UTI, na mesma época em que pensava sobre ir servir na África. Eu sou do Rio de Janeiro, mas havia me mudado e estava morando na região centro-oeste de Cuiabá. Meus pais me acompanharam e foi um período de escolhas e entregas.

Ainda faltavam algumas horas para eu ir embora quando minha mãe ligou dizendo que meu pai estava se sentindo mal e com dores no peito. Um terror tomou conta de mim, pois eu não poderia sair dali para socorrê-lo. Falei com Deus, que com Sua divina suavidade trouxe paz ao meu coração e à minha mente, lembrando-me de Sua soberania sobre a vida de todas as pessoas, inclusive a minha família. Eu não poderia fazer nada para intervir para o bem ou evitar o mal na vida de meu pai, descansar em Deus era a única resposta. Naquele momento, eu precisava desenvolver minha dependência no Senhor.

Essa experiência foi há muito tempo, provavelmente uns 20 anos, e hoje me lembro dela tomando café com duas irmãzinhas, cujos filhos eu amo. Ao ouvir uma delas contar parte de sua história de vida, Deus falou comigo sobre Sua misericórdia e bondade para com todos aqueles que esperam nele, e me mostrou como é relevante ouvirmos as histórias das pessoas para entendermos o coração delas.

Ele trouxe Seu modo de agir na história e, assim, promoveu comunhão entre nós. Como não amar esse Deus tão lindo e detalhista? Espere no Senhor, apresente sua oração, e Ele certamente ouvirá a sua voz e lhe surpreenderá.

Maria da Conceição Antônio — Médica, Rio de Janeiro/RJ

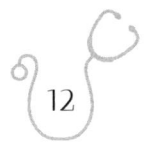

Deus presente na hora da angústia

Ouve, SENHOR, a minha voz; eu clamo;
tem compaixão e responde-me. Ao meu coração
me ocorre: "Busquem a minha presença."
Buscarei, pois, SENHOR, a tua presença.

Salmo 27:7-8

Deus, só Tu sabes. Na hora da angústia clamei a ti e o Senhor respondeu ao meu grito por socorro. Tu sempre estiveste comigo, sempre me amparaste em minha aflição e ouviste o meu clamor. Não escondeste de mim o Teu rosto, mas tiveste misericórdia do teu filho.

"Não me escondas, SENHOR, a tua face; não rejeites com ira o teu servo. Tu és o meu auxílio; não me deixes, nem me abandones" (Salmo 27:9).

Senhor, Tu és especialista em renovar vasos quebrados, dar fôlego ao cansado, cura ao soldado ferido, esperança ao aflito, colo ao carente. Obrigada por não te esqueceres também da tua serva, que espera por ti, sedenta, como as corças anseiam pelas correntes de águas ou como os sentinelas da noite aguardam pelo raiar de um novo dia.

Tu és minha fonte, minha vida, meu maná, meu renovo para um novo dia. Lava-me com a Tua graça e com Teu bálsamo me unge, com Tua armadura me veste e com Teu Espírito Santo me enche. Só assim seguirei com fé o alvo que apontas para mim.

Tu não permites que eu me desvie, porém "ensina-me, SENHOR, o teu caminho e guia-me por vereda plana" (Salmo 27:11). "Espere no SENHOR. Anime-se, e fortifique-se o seu coração; espere, pois, no SENHOR" (Salmo 27:14). Sim, no Senhor minha alma espera e nele se fortalece todo o meu ser. Assim sigo em fé e confiante a jornada que Ele mesmo sonhou para mim.

Sofia Lannes Tolentino — Médica, Belo Horizonte/MG

Onde encontrar paz?

Ó Deus, tu és o meu Deus; eu te busco ansiosamente.

Salmo 63:1

A resposta a esta busca é o tema principal do Salmo 63, Consideremos:
- Deus é encontrado pelos que o buscam
- O Senhor satisfaz o sedento.
- Descobrimos a Sua força e glória quando o adoramos no Seu santuário.

Este salmo pertence ao rei Davi, e retrata o seu tempo no deserto quando seu filho Absalão se rebelou contra ele (2 Samuel 16:12). E quem em nossos dias não se sente enfraquecido?

O Senhor também olha para minha aflição. O autor deste salmo é um rei (v.11); ele está longe de casa, numa terra árida (v.1); anela ver o Senhor no santuário (v.2); inimigos procuram destruir a vida dele (v.9); ele confia que os seus inimigos serão derrotados (vv.9-10); ele se alegrará em Deus e a memória do auxílio que Deus tem sido para ele o deixa confiante (v.7).

O salmo divide-se em três estrofes, e cada uma contém a expressão: "Minha alma" (vv.1,5,8) o assunto é sempre satisfação, por isso podemos considerar:

A necessidade da satisfação (vv.1-4). Nessa situação, o salmista não pode chegar ao santuário que ama, por isso, no deserto, se alimenta com o desejo de contemplar a força e a glória de Deus no santuário (v.2).

A nossa visão do alto da montanha deve ser sempre o nosso conforto no vale. Pouco importa se o deserto seja seco e triste, se temos a certeza de que Deus está conosco, isso nos basta.

A esperança da satisfação (vv.5-7). Primeiro era "A minha alma tem sede de ti"(v.1), mas agora a alma será saciada.

A recordação do que Deus significou no passado (v.7) ajuda-nos a discernir com respeito ao futuro (v.7). Com sua boca o rei louvará o Senhor, não proferirá mentiras da maneira como os seus inimigos o fazem (vv.5,11).

Davi descobriu a mais preciosa atividade para as horas noturnas e vigílias sem sono (v.6).

O caminho da satisfação (v.8 ao 11)

Apegando-nos a Deus (v.8), podemos contar com o amparo divino (v.8). Aquele que crê em Deus pode sempre regozijar-se nele.

Se buscarmos a Deus em primeiro lugar, todas as demais coisas de que realmente carecemos nos serão concedidas. Consequentemente, encontraremos satisfação, júbilo, louvor (v.5), memórias agradáveis (v.6), segurança (v.7).

O progresso torna-se lógico: busca-se a Deus (v.1); Deus torna-se real (vv.4-7); segue-se o Deus que assim se revelou (v.8); temos vitória com Deus ao nosso lado (vv.9-10) regozijamos na vitória (v. 11)

Tendo as firmes promessas do auxílio, da parte de Deus, não precisamos nos preocupar com efêmeros triunfos de nossos inimigos, pois já podemos nos alegrar na vitória que Deus nos concederá.

Alessandra França Brasil — Dentista, Campinas/SP

Deus substitui o *medo* por *paz*

*Quando eu ficar com medo, hei de confiar em ti.
Em Deus, cuja palavra eu exalto, neste Deus ponho a minha
confiança e nada temerei. Que me pode fazer um mortal?*

Salmo 56:3-4

Conheci uma jovem que por ora chamarei de Kátia quando a preparavam para ir ao bloco cirúrgico. A paciente estava com câncer de mama em estágio avançado! A jovem era linda e seu olhar me marcou naquele momento. Lembro-me de que eu estava com uma prancheta em minhas mãos, visitando rapidamente os leitos do Centro de Terapia Intensiva (CTI), quando percebi o medo em seu olhar. De forma rápida e silenciosa, fiz uma oração, dizendo baixinho: "Senhor, cuida dessa jovem, permanece ao lado dela e segura em Suas mãos". Em seguida, conversei com uma colega enfermeira, a qual me passou o caso e o diagnóstico da paciente. Após o final do expediente, fui para casa orando por ela e crendo na certeza de que o procedimento no bloco daria certo.

No dia seguinte, durante o plantão me deparei com aquela jovem em seu leito, já usando ventilação mecânica, entubada e medicada com várias drogas vasoativas. No entanto, ela ainda se mantinha levemente acordada, com abertura ocular espontânea e responsiva aos estímulos dolorosos. Em seguida, comecei a *correr leito*, e ela foi minha primeira paciente.

Quando entrei no quarto, senti um pouco de calor. O ar-condicionado do CTI normalmente tem as suas falhas, pelo menos no

CTI onde eu estava, pois ele funcionava quando queria. Depois daquela sensação de calor, recordei-me de uma aula que eu tivera na faculdade naquela mesma semana. A professora nos chamara a atenção para aqueles pacientes entubados e sedados, a maioria dos quais não consegue expressar suas vontades ou desejos. Segundo nossa mestra, como futuros enfermeiros, deveríamos nos sensibilizar com a situação deles. Ela exemplificou, dizendo que, em alguns momentos, o paciente pode estar com muitos cobertores sobre si e, mesmo sedado, pode estar sentindo calor. Portanto, a nossa percepção frente às coisas simples como essa deve se tornar rotineira na assistência ao nosso paciente.

Em outro momento, quando a jovem já tinha sido transferida para um quarto, acendi a luz, cumprimentei-a com um bom dia e segurei sua mão. Ela me olhou com um olhar que transmitia medo. Notei que um suor escorria em seu rosto e conversei com ela: "Kátia, quero que você aperte minha mão uma vez para SIM, e duas vezes para NÃO. Você entendeu?". Ela apertou minha mão uma vez, o que remetia ao SIM. Ela me compreendia! Continuei: "Você está com calor?". Novamente ela afirmou com o aperto de mão que SIM. Então, eu a descobri até a parte da cintura. Logo após, perguntei-lhe se estava bom, e ela respondeu sim com o toque combinado de mão.

Vi naquele momento uma oportunidade para deixá-la mais calma e, ao mesmo tempo, demonstrar algum gesto de carinho. Assim, fiz-lhe outra pergunta: "Você está com medo?". A moça respondeu com um aperto de mão forte, dando-me a entender que estava com muito medo.

Respirei fundo e contive minha vontade de chorar. Lidar com essa situação ainda era um desafio para mim. Então, dirigi-me a ela com as seguintes palavras: "Kátia, você sabe que Jesus também sentiu medo? Mas Ele estava amparado por Deus que o fortaleceu. Deus é com você, e eu creio que Ele pode curá-la e tirar de você todo o sentimento de medo e, no lugar dele, colocar algo oposto: a paz. Você crê nisso?". Ela apertou com força minha mão; um aperto somente. Ela creu! Passei a mão no seu rosto, limpando o suor e aproveitei para lhe dizer: "Você não é somente Kátia, mas sim uma princesa do reino de um grande Príncipe chamado Jesus. Esse Príncipe, que é o Seu Salvador, está com você neste momento, e deseja que você se sinta amada, protegida e que todo o medo existente em seu coração venha a ser lançado para fora. Ele a convida agora a sentir Sua presença de uma forma completa e real".

Vi em seus olhos um brilho diferente. Aquele medo não estava mais ali! Olhei o relógio e me assustei. Precisava correr; afinal, tinha muito trabalho pela frente. Por isso, disse-lhe efusivamente: "Estou indo, mas eu volto!". Nesse instante, ela apertou minha mão duas vezes, querendo dizer NÃO. "Não quer que eu vá?", perguntei-lhe, percebendo mais uma vez que ela desejava que eu continuasse ali. Por isso, permaneci mais um tempo ao seu lado até ela sentir-se sonolenta. Antes de ela adormecer, eu lhe disse: "Estou aqui com você!". Naquele mesmo dia, à tarde, foi necessário sedá-la novamente com o objetivo de lhe trazer um conforto melhor.

Kátia era uma jovem casada! Tive a oportunidade de conhecer seu esposo, sua mãe e sua irmã. O marido a segurava em suas mãos e a olhava com amor, assim como a irmã e a mãe. Apresentei-me a eles e contei-lhes o que acontecera pela manhã, quando a paciente estava acordada. A irmã se emocionou e me agradeceu; a mãe chorou e apenas balançou a cabeça como sinal de gratidão. O marido, por sua vez, perguntou-me: "Você acredita que, antes de ela ser sedada, aquele sentimento de medo ao qual você se referiu passou?". Respondi convicta: "Sim! Ela estava em paz, decidiu confiar em Deus e deixar o medo sair". Então, pedi a ele que depois lesse atentamente o salmo 56:3-4. Acenando com a cabeça, ele afirmou que o faria. Fiquei emocionada, ao vê-lo começar a chorar. Antes do meu horário de saída, passei mais uma vez no quarto dela, despedi-me e lhe disse: "Ainda estou aqui!". Só que, diferentemente de antes, ela não me respondeu nem apertou a minha mão.

Era o início de um final de semana. Recordo-me de que orei por ela todos aqueles dias, pedindo a Deus por um grande milagre. Com a permissão da irmã dela, pedi a minhas amigas que orassem por aquela corajosa princesa que queria viver e, apesar da situação bastante desfavorável, decidiu deixar o medo e confiar em Jesus Cristo.

Segunda-feira, como de costume, cheguei bem cedo ao hospital. Era a minha oportunidade de conhecer e conversar com os profissionais do plantão noturno. O quarto da paciente estava vazio. Perguntei aos técnicos se ela havia descido a fim de ser submetida a um procedimento, mas informaram-me de que ela havia falecido no domingo à noite. Em absoluto silêncio, fui à sala dos enfermeiros e orei a Deus, rogando-lhe que concedesse amparo, consolo e conforto à família enlutada. Essa foi minha primeira perda desde que iniciei meu trabalho no CTI.

Há coisas que não entendemos. De fato, Deus ouve todas as nossas orações, mas, quanto a respondê-las, Sua soberania divina é que decide. Como sabemos, Ele está assentado em Seu trono, governando todo o Universo, e sabe o que é melhor para cada um de nós. Também sei que, no lugar do medo, Ele trouxe a confiança e paz que ela precisava! A linda jovem se foi, mas tenho a certeza de que o Senhor a amparou.

Lidar com perdas nunca é fácil. Naqueles dias pude compreender que jamais vou me acostumar a elas, porém devo entender que fazem parte do ciclo da vida. Escolhi ser enfermeira; decidi ser intensivista embora não soubesse que meus pacientes seriam pessoas que marcariam tanto a minha trajetória profissional. Aos poucos compreendi que ser enfermeira não era somente meu trabalho, e sim um propósito de vida!

Lembremo-nos de que não somos definidos somente pela nossa profissão; também somos filhos de Deus e, como tais, devemos trazer paz ao coração dos que sentem medo e levar esperança em momentos de dor e sofrimento. Esse é o nosso propósito, por isso digo sempre a palavra hebraica *"Kadima!"*, que significa "Avante!". "Não pare!". "Prossiga!".

Paula Lopes Vieira — Enfermeira, Belo Horizonte/MG

O diagnóstico e a alma do paciente

*Mas contigo está o perdão, para que sejas temido.
Aguardo o* Senhor*; a minha alma o aguarda;
eu espero na sua palavra. A minha alma anseia
pelo* Senhor*, mais do que os guardas anseiam
pelo romper da manhã...*

Salmo 130:4-6

Quando nos referimos a um paciente ictérico, estamos dizendo que ele pode ter essa característica por aumento da bilirrubina em seu organismo devido a uma diminuição ou interrupção da excreção da bile por obstrução do fluxo biliar intra ou extra-hepática ou por alteração funcional do hepatócito.

A primeira vez que vi um paciente ictérico foi na Unidade de Tratamento Intensivo (UTI) neonatal em uma aula de prática clínica; a segunda vez foi no Centro de Tratamento Intensivo (CTI) adulto. Lembro-me de que esse paciente já se encontrava há mais tempo internado, e meu estágio mal havia começado. Quando *corri* leito com a supervisora de enfermagem, deparei-me com esse homem. Havia um amarelo quase vivo em todo seu corpo e principalmente em seus olhos. Não conhecia a contento o seu diagnóstico, mas era nítido que ele não estava bem. Estava entubado e sedado, por isso naquele momento nada podíamos fazer além de lhe trazer conforto.

As semanas foram se passando...

Algo que você, caro leitor, deve saber é que o CTI é um local de transições. Em um dia o paciente pode estar entubado e sedado; em outro ele pode estar traqueostomizado, decanulado sem sedação. Da mesma forma, um paciente orientado, alerta, pode, a qualquer instante, ter uma instabilidade hemodinâmica e ficar grave.

No final daquela semana, o "paciente ictérico" foi traqueostomizado. A traqueostomia (TQT) é nada mais do que um procedimento cirúrgico que pode ser realizado no CTI mesmo, com o objetivo de permitir a desobstrução das vias aéreas superiores a fim de garantir a melhora do paciente e continuidade da vida. Para que você entenda melhor, cada enfermeiro fica com no máximo 10 pacientes e, como eu estava em dupla com a enfermeira do setor, normalmente dividiam cinco pacientes para mim e cinco para ela. Assim, comecei a ter mais contato com o "paciente ictérico". Aos poucos um vínculo foi sendo criado, pelo menos da minha parte. Entretanto, todas as vezes que eu entrava em seu quarto, notava que ele evitava o contato comigo. Eram poucas as vezes que ele me respondia com a cabeça, pois uma pessoa com TQT não consegue falar ou emitir sons: "sim" ou "não". Portanto, as raras interações dele para comigo eram realmente uma conquista.

O enfermeiro, e cada profissional de saúde, deve compreender que nem todo paciente tem que estar disposto a responder da forma como ele gostaria de ser respondido. Muitos daqueles que estão no CTI desenvolvem depressão por causa do ambiente em si. É importante lembrar que eles não escolheram estar naquela situação. Ninguém se levanta de manhã e decide ser internado em um hospital. Por isso entender os sentimentos do paciente é importante e faz toda a diferença no processo de cuidado. Em determinado momento do cuidado, foi necessário puncionar um catéter duplo lúmen (CDL), o qual permite acesso vascular imediato, fornecendo fluxo sanguíneo adequado para a realização de hemodiálise em situações emergenciais, como a insuficiência renal aguda. O paciente ictérico agora era também um paciente renal. Quanto mais estudávamos e discutíamos o seu caso, mais perguntas surgiam.

Era uma sexta-feira. Eu estava animada, pois às 13h iria passar meu plantão e correr para a casa da minha avó. Estava ansiosa para comer um almoço delicioso. A minha alegria naquele dia era contagiante, e eu tinha absoluta certeza de que nada tiraria meu entusiasmo. Comecei a *correr* leito, quando o banco de sangue chegou com o concentrado de hemácia para o meu paciente ictérico. Conferi a bolsa, realizei os cuidados pós-hemotransfusão e iniciei o procedimento. Antes de começar, conversei um pouco com ele, explicando o procedimento e a minha conduta, mas pude sentir, através da voz dele, que a tristeza tomava conta do seu coração e da sua alma.

Depois de lhe explicar o que seria feito, olhei seus dados e comecei a hemotransfusão. Temos um protocolo de hemotransfusão: seja qual for o hemocomponente, é necessário avaliar os dados do paciente antes de iniciar o procedimento, 10 minutos após o início e ao final. Como teria que avaliá-lo 10 minutos depois, decidi que essa era minha oportunidade de tentar uma reaproximação com ele.

"Como o senhor está?", perguntei-lhe afetuosamente. Ele disse algo que realmente eu sabia, mas não esperava: "Estou triste, muito triste e com uma dor forte!". Nesse momento, percebi que seus olhos se encheram de lágrimas. Fiquei pensando no que responder; afinal, acredito que, se eu estivesse naquela situação, também estaria triste.

Resolvi perguntar-lhe se poderia pegar em suas mãos. Ele balançou a cabeça de forma positiva. Então, segurei suas mãos e disse: "Tudo é passageiro nessa vida, e a dor também é! Mas, enquanto isso não passar, eu cuidarei do senhor e estarei aqui todos os dias, de segunda a sexta. Sempre me chame." Ele não falou nada; só ouviu. Porém sua feição mudou após isso. Ele ficou mais disposto a me ver e a me ouvir.

O diagnóstico do meu paciente era de insuficiência renal aguda e algum problema cardíaco, e ele estava à espera da liberação do plano de saúde para a realização da cirurgia de revascularização do miocárdio (CRVM). Ele ficou cerca de 3 meses conosco naquele CTI.

Todos os dias esta era a minha rotina: chegava bem cedo, assumia o plantão e, antes de *correr* leito, não deixava de ir conversar com o meu paciente. Pouco a pouco, seu humor para comigo melhorava, contudo ele ainda mantinha o olhar triste. Sempre na *corrida* de leito com a equipe multidisciplinar, discutíamos o caso dele e esperávamos a liberação do convênio para a realização da CRVM, mas nada acontecia.

Era uma segunda-feira quando ele me chamou. Notei que se encontrava muito triste e desanimado. Começamos a conversar sobre assuntos aleatórios. Em certo momento, perguntei sobre a família dele. Sua reação foi abaixar a cabeça e chorar. Pedi desculpas caso a minha pergunta o tivesse afetado. Ele me respondeu que, de alguma forma, magoou. Então, me disse: "Eu não tenho ninguém, pois afastei todos da minha vida!" Após essa fala, entendi a tristeza a qual se referia. Uma tristeza que vem da alma e corrói.

Ele necessitava de cura e de reaproximação da família! Perguntei-lhe se desejava que tentássemos contato com algum de seus familiares, e ele me respondeu: "Eles não virão, ninguém virá". Então, decidi ser radical. Há momentos em que devemos ser assertivos e não podemos deixar a oportunidade passar, por isso indaguei: "O senhor crê? Tem alguma fé?" Ele balançou a cabeça positivamente. Acredito que, na verdade, ele estava sem esperanças, mas isso não importava naquele momento. A Palavra de Deus nos diz que não importa se nossa fé seja do tamanho de um grão de mostarda; se crermos, mesmo que seja pouco, o Senhor agirá.

Disse-lhe, portanto: "Chegou o momento de exercitar a sua fé, mesmo que ela seja pouca, e Deus será bondoso para com o senhor! Eis aqui minha proposta: vou orar por uma semana em favor dessa situação que o senhor compartilhou comigo, mas, durante esse tempo, quero que tenha somente pensamentos positivos em relação a reaproximar-se de seus familiares. Quando a tristeza vier, substitua-a por pensamentos de esperança e perdão. Depois de uma semana, vou conversar com a psicóloga e pedir a ela para contatar seus familiares. Creio que Deus nos ouvirá e responderá os desejos da sua alma".

Ao ouvir minhas palavras, o paciente se mostrou visivelmente animado. De minha parte, fiz o que prometi: uma semana de oração e devocional clamando a Deus até que, finalmente, o dia chegou. Conversei com a psicóloga, e ela me disse que o caso dele era complicado porque a única visita que ele recebia era de um vizinho, mas a família mesma não aparecia. Implorei a ela para tentar mais uma vez esse contato. Ela disse que tentaria. Acredite: sou insistente quando me proponho a ser! Ela só me alertou: "Ele pode se decepcionar mais uma vez!". Minha resposta foi: "Ou se alegrar e ser curado!". Ela observou: "Curado? Mas o caso dele é delicado. Não sei se ele sai daqui". Então, continuei: "E quem disse que me referi a uma cura física? Não! Refiro-me à cura da alma!". O tempo passou...

Foram duas semanas sem um retorno. Entretanto, não desisti nem aceitei que o paciente desistisse também! Dia a dia nos aproximávamos mais e aos poucos ele me pedia para orar e compartilhar algumas palavras de ânimo com ele. Até que, finalmente, o dia chegou! Para os demais era somente uma data. No entanto, para mim se tornou o cumprimento de que o Senhor tem, sim, misericórdia de todos nós! E, para o meu paciente, esse foi um dia de cura da alma e do espírito, dia de reaproximação, perdão e aceitação! Seus dois filhos e sua filha compareceram para visitá-lo.

Lembro-me de que estava trabalhando no computador e ouvi risadas, choro e até gritos vindos do local que ele ocupava. Corri até lá. A porta estava entreaberta. Vi a técnica em enfermagem visivelmente emocionada. Todos nós fomos contagiados por aquele momento ímpar! Nós cuidávamos dele há cerca de 3 meses. Perguntei o que estava acontecendo, e ela disse: "Eles vieram! A família dele está aqui!".

Nem ousei interromper aquele momento. O horário de visita tinha acabado, mas pedi à psicóloga que o estendesse mais um pouco. Para minha surpresa, ela disse: "Claro! Afinal, almas estão sendo curadas, não é?". Em resposta, sorri para ela, ela entendia bem o que estava acontecendo ali.

Depois de um longo tempo, eles foram embora com um semblante de alegria e perdão. Sem dúvida, houve reconciliação naquele momento. Corri para o leito do meu paciente e, quando olhei para sua face, constatei que ele não era mais o paciente ictérico, renal, cardíaco nem mais um doente de alma. Ele tinha uma nova identidade, pois fora curado. Sua alma estava feliz e regozijando!

Feliz, ele me disse: "Confio em Deus, e Ele provou que é Senhor e que cura. Não me incomodo com minha doença, porque estou leve". Conversamos por um breve tempo e lhe propus que fizéssemos uma oração, agradecendo a Deus pelo Seu feito maravilhoso.

Ele perguntou se poderíamos orar o Pai Nosso. Então, demos as mãos e oramos.

Doze dias após esse último contato, o Senhor o levou de manhã. O mais surpreendente foi que, na tarde do mesmo dia, sua CRVM foi aprovada pelo convênio. Fiquei sem acreditar. Um dos médicos disse que estava desolado com a situação. Como eu disse anteriormente, todos os profissionais, de alguma forma, se apegaram a ele.

Senti muito essa perda. Ao mesmo tempo, porém, lembrei-me de que ele teve sua cura; não a física, mas a da alma e do espírito. Sejamos instrumentos de força para nossos pacientes! Não podemos desistir quando eles não são gentis no primeiro momento ou quando nos tratam de forma ríspida! Devemos insistir, porque Jesus não desistiu da cruz. Pelo contrário, Ele foi até o final para que estivéssemos aqui hoje compartilhando a esperança, a cura que é real e para que testemunhemos que Ele nos ouve e nos responde.

Paula Lopes Vieira — Enfermeira, Belo Horizonte/MG

16

Uma experiência de salvação

*Não morrerei, pelo contrário,
viverei e contarei as obras do SENHOR.*

Salmo 118:17

Enquanto eu estava no internato do último ano, o local em que nos encontrávamos era o Centro de Terapia Intensivo (CTI) e a Unidade de Pronto Atendimento (UPA), que atendia urgências e emergências. Era uma quinta-feira, e estávamos no CTI do hospital da faculdade. A preceptora nos pediu que corrêssemos os leitos em dupla. Fiquei com os leitos 09 e 10. Juntas, eu e minha colega avaliamos a paciente do leito 09 e, em seguida, fomos para o paciente do leito 10. Informaram-nos de que ele fora extubado no dia anterior e, na madrugada, ficara muito agitado e arrancara a sonda nasoenteral (SNE). Em relação ao paciente, a nossa intervenção consistia em repassar a sonda, fazer a ausculta e solicitar ao plantonista o pedido do raio X.

Como eu e minha colega já havíamos passado a SNE, a professora deu a oportunidade para outra aluna. No mais, deu tudo certo e o paciente estava acordado e sentiu o incômodo normal de uma passagem de SNE. Até então, tudo parecia normal. Por fim, continuamos a avaliá-lo. De repente o chamei, porém ele não respondeu mais. Olhei o monitor e vi que todos os dados, como a pressão e a saturação, estavam normais. No entanto, o paciente não abria os olhos e suas pálpebras tremiam. Comecei a fazer alguns estímulos dolorosos, e nada de ele acordar.

Decidimos chamar a preceptora. Ela realizou novamente estímulos dolorosos. Nada! Então, acionamos a equipe. A residente disse que era normal ele fingir estar naquela situação, mas a fisioterapeuta achou aquilo também muito estranho. Depois de um tempo, a residente concordou que poderia haver algo errado. Portanto, começamos os preparativos para entubá-lo.

Confesso que comecei a sentir uma sensação de medo, além da sensação de frio além do normal. Algo que me chamou muita atenção foi que o paciente parecia estar lá e, ao mesmo tempo, não. Foi quando reparei novamente em sua pálpebra e me lembrei de uma situação que ocorrera com meu avô no hospital.

Meu pai havia comentado comigo, algumas semanas antes desse episódio, acerca de uma experiência que o vovô teve de quase morte. Segundo ele, a pálpebra do vovô mexia, mas ele não respondia nada e parecia não estar mais ali. Então, meu pai, minha mãe e duas tias minhas que estavam presentes começaram a clamar pelo nome do Senhor Jesus, e, passados alguns poucos minutos, o meu avô retornou.

Após alguns dias, meu pai perguntou ao vovô o que havia acontecido e se ele estava os ouvindo naqueles momentos. Vovô afirmou que ouvia tudo o que eles diziam, mas não conseguia responder. Disse, ainda, que estava subindo uma grande escada. De tão imensa que era, nem dava para ver onde o topo dela se apoiava. De acordo com o vovô, apesar de ele ter a mobilidade bem reduzida, conseguia subir os degraus da escada sem nenhum esforço ou dificuldade, sentindo uma sensação de alegria e paz. Mas, em dado momento, ele sentiu como se alguém o puxasse para baixo pelas suas duas pernas. Isso se repetiu por três vezes, pois a intenção dele era querer subir. Pouco depois, ele se viu deitado na cama, com meu pai, minha mãe e suas duas outras filhas ao redor, agradecendo a Deus, pois, de fato, eles acharam que ele estava morto, visto não responder aos estímulos. Só para complementar, esse episódio ocorreu cerca de seis meses antes de meu avô completar 100 anos.

Quando me lembrei dessa experiência dele, pensei que aquele paciente poderia estar tendo uma experiência similar, mas inversamente ruim. Isso porque o sentimento que experimentei naquele ambiente foi de medo, de frio. Comecei a clamar a Jesus e pedi ao Senhor que tivesse misericórdia dele. A equipe ainda estava aspirando as medicações para intubação, quando ele voltou repentinamente.

Quando ele voltou, começou a chorar e seu semblante era de pavor. Ele tentava falar, mas não conseguia. Aos poucos, fomos o acalmando até ele ficar tranquilo, porém, apesar da tranquilidade, ele ainda mantinha o olhar de pavor. Além disso, olhava incansavelmente para todos os lados como se procurasse alguém ou alguma coisa.

A professora nos chamou para continuarmos nossa corrida de leito. Foi nesse momento que decidi aproveitar a oportunidade de ficar a sós com esse paciente. Chamei- o e disse sem medo algum: "O espírito da morte o visitou? O senhor viu algo terrível!". Nesse instante, ele chorou de forma desolada e balançou a cabeça. Respirando fundo, ele disse: "Uma nuvem preta me consumiu e me levou a um lugar de dor e sofrimento. E uma voz me disse que era aquele o meu destino!". Eu nunca tinha presenciado uma experiência de quase morte, mas aquele paciente viu de perto um lugar nada agradável. Creio que Deus deu um alerta para ele em Sua rica misericórdia e amor.

Confesso que aquela sensação horrível de medo e frio ainda estava presente naquele quarto, contudo resolvi ignorá-la e ser ousada. Afinal, aquela situação necessitava de uma intervenção rápida. Eu estava ali com aquele homem porque Deus me colocou naquele momento certo e na hora certa. Corajosamente, disse a ele: "Esse não é o seu destino; ainda não. O inimigo só quer que o senhor pense que é! E saiba que essa experiência que teve foi permitida pelo próprio Deus. Ele o está chamando para se achegar a Ele e experimentar um lugar de renovo e de completa paz. O senhor crê?". Ainda chorando e com temor, ele declarou que acreditava.

Em seguida, pedi permissão para orar por ele: "Senhor Deus, que todo espírito de morte seja mandado embora e seja substituído por Jesus, que a Sua presença se faça real neste momento e que este meu paciente sinta que o Senhor é real. Perdoe-o de todos os seus pecados e o aceite como filho e que ele o aceite como Pai. Amém!" Ao final da oração, ele disse "Amém. Eu o aceito!".

Finalmente, consegui ouvir a voz do meu paciente de forma completa e sem medo; a voz que o adversário tentou roubar e Deus devolveu para Sua honra e glória. Pensei que o momento era oportuno para cantar uma das músicas que sempre mexe comigo. Portanto, passei as mãos em seus cabelos e cantei baixinho: "Além do rio azul, as ruas são de ouro e de cristais. Ali tudo é vida, ali tudo é paz. Morte e choro, nunca mais. Tristeza e dor, nunca mais!". Assim que terminei de cantar, minha amiga chegou àquele leito e se emocionou; afinal, estávamos quebrantados mediante a experiência que ali ocorrera. Antes de me despedir, eu disse: "A palavra é clara: "Não morrerei, pelo contrário, viverei e contarei as obras do SENHOR" (Salmo 118:17). Tive a oportunidade de ainda ver aquele paciente na unidade de internação, pronto para ir para sua casa.

As maravilhas que Deus faz simplesmente inexplicáveis. Não é necessário buscarmos explicações para situações iguais a essas, mas é imprescindível que nos posicionemos e que, nos lugares de morte, possamos decretar a vida.

Paula Lopes Vieira — Enfermeira, Belo Horizonte/MG

17

A dor que o Senhor permite

*Foi bom que eu tivesse passado pela aflição,
para que aprendesse os teus decretos.*

Salmo 119:71

Um pequeno corte no dedo. Uma mancha na pele. Rubor. Ardor. Diabetes, artrite, hipertensão. Uma fratura na coluna. Uma amputação. Punção. Colonoscopia. Quimioterapia. O choro alto de uma criança na enfermaria. O soluço calado de uma mãe no corredor do hospital. Uma morte na família. Uma dor que não passa...

Explicar o sofrimento sempre foi um assunto nevrálgico para a humanidade. E uma das formas mais corriqueiras e comuns de palpá-lo é exatamente quando a enfermidade chega. Nessa hora, muitas vezes não conseguimos ouvir uma explicação que seja convincente, principalmente, quando não enxergamos uma saída. De fato, esses momentos de nó na garganta são de tirar o apetite.

Por vezes nos é proposto um tratamento paliativo; nossos ouvidos estão calejados de triunfalismos que gaguejam insistentemente que o cristão não pode sofrer. Virou febre a ideia de que a fé é um antídoto para tudo, e a doença passou a ser vista como a manifestação inequívoca da falta de fé. Olhos míopes não conseguem ver como uma "pregação fervorosa de um texto descontextualizado" pode levar aos prantos aquela alma que já geme tanto com a dor de uma patologia crônica, e que tem a sua fé rotulada como pequena demais para alcançar a cura.

Quando, entretanto, debruçamo-nos sobre o texto sagrado, é comum nos depararmos com exemplos nos quais Deus permitiu que Seus servos tivessem a dor como companheira. Foi assim com Timóteo e suas frequentes enfermidades e também com Ezequias e suas graves úlceras. Jó não escapou de feridas terríveis dos pés à cabeça e Estevão não foi poupado dos traumatismos que o levaram à morte. A uns Deus curou, manifestando o Seu poder. A outros, não, manifestando o Seu poder. De fato, o poder de Deus se aperfeiçoa na fraqueza.

A queda do homem trouxe consigo suas mazelas. E assim envelhecemos. Adoecemos. Morremos. O pecado normalizou o sofrimento humano, e a dor possivelmente virá apenas como a consequência natural de estarmos vivos. Entretanto, por vezes, podemos nos deparar com alguém que, como o "cego de nascença", não está enfermo por ter pecado, mas para que a glória de Deus seja manifesta. E, se em algum momento das nossas vidas a dor e a enfermidade forem direcionadas por Deus para nos aproximar dele, que saibamos aproveitar os tempos pedagógicos de aflição para, como o salmista, aprender os Seus decretos.

Natanael Alves de Souza — Médico, Conselheiro Lafaiete/MG

Súplicas de um ancião

*Pois tu és a minha esperança, Senhor Deus,
a minha confiança desde a minha mocidade.*

Salmo 71:5

Comecei a minha aventura de fé em minha juventude e por meio da Palavra de Deus procurei conhecer o Deus Criador que se tornou Redentor na Pessoa de Jesus Cristo. Um dia, li o Salmo 71:5, o qual impactou a minha mente e coração. Questionei o porquê de Deus ser digno de confiança. Refleti nos dois valores basilares e inegociáveis: esperança e confiança, que estão alicerçados no supremo e incomparável valor —, a pessoa do Senhor Deus. Verifiquei que a base da confiança em Deus é a Sua integridade, que lhe confere credibilidade. Almejei fazer do Senhor Deus a minha esperança e a minha confiança desde a minha mocidade.

Certa ocasião, num plantão muito difícil, enfrentei vários dilemas éticos e não consegui satisfazer um pedido do meu paciente. Pedi-lhe perdão por não ter ido ao encontro da sua expressa necessidade. Ele me respondeu: "você não é uma pessoa digna de crédito, não merece confiança. Como posso ter a esperança de que você terá compaixão e cuidará de mim, de verdade?". Essas palavras fulminaram a minha mente e o meu coração. Constatei que o grau de confiança dele na minha pessoa era elevado, tendo a convicção e a esperança inabalável de que eu resolveria o seu problema. Entendi que havia defraudado as suas expetativas.

Sabemos, de um modo geral, que a confiança é considerada um precioso ativo no mundo dos negócios, um sentimento imprescindível nos relacionamentos e que leva tempo para ser construída, é difícil de ser mantida e pode ser destruída numa fração de segundo.

Consciente de que eu teria um trabalho moroso para voltar a conquistar a sua confiança, que é antecedida pela credibilidade, procurei a face de Deus, tentando articular a fé com o exercício profissional. Concluí que para o paciente voltar a confiar em mim isso dependeria do meu comportamento futuro. O que eu prometo, eu devo tentar cumprir, principalmente ao vivenciar uma situação de doença, dor e sofrimento, aguardando do cuidador: presença, cuidado, conforto e um coração compassivo. E no reboliço dos meus pensamentos e emoções advindos do comentário do paciente, veio à minha memória o Salmo 71:5. Deus tem prazer em ser a nossa esperança, e confiança, independentemente das nossas falhas.

É importante lembrar que apesar de sermos cristãos, salvos por Sua maravilhosa graça, continuamos seres humanos limitados e falhos. Por esta razão, precisamos nos conscientizar de que nem sempre seremos o profissional que o paciente deseja. E porque somos gente cuidando de gente, e para que não sejamos prejudicados no nosso psíquico, emocional, espiritual e físico, temos que cuidar da nossa saúde mental, refletindo na arte de pensar bem, que produzirá em nós um sentir bem, os quais gerarão a atitude correta e o comportamento adequado, diante das inúmeras cobranças que nos são feitas. É também importante expressar ao paciente a nossa vulnerabilidade, fragilidade e limitações. Só Deus é infalível! Ter esta percepção é, por um lado, libertador das nossas culpas e, por outro, incentiva-nos a uma busca incessante, íntima e profunda com Deus, encontrando nele a energia bio-psico-espiritual para o ministério que o Pai nos confiou. Viver e anunciar o evangelho às pessoas que cuidamos e tratamos em todas as dimensões humanas. Ele almeja ser, não apenas a nossa esperança e confiança até o nosso último suspiro, mas também na vida daqueles que cruzam os nossos caminhos.

Luciana Mata Angelina Fernandes — Enfermeira, Lisboa/Portugal

Entre a fé e o medo

*Os olhos do SENHOR repousam sobre os justos,
e os seus ouvidos estão abertos ao seu clamor*
Salmo 34:15

"Pai nosso que estás no céu, santificado seja o Teu Nome...". Assim orava o menino, em meio aos incômodos sons dos aparelhos daquela UTI pediátrica. Ele estava sendo submetido a um desagradável procedimento, uma punção venosa central em sua veia femoral. Tal conduta era necessária diante do seu grave quadro clínico, embora fosse desconfortável. Após tentativas frustradas dos médicos em obter a colaboração do pequeno paciente, uma leve sedação foi administrada, a fim de obter a imobilização dos seus membros.

Diante do leito, um estudante de medicina assistia aquela delicada situação. Impotente, ele limitava-se a observar os médicos atuando enquanto buscava aprender com tudo o que via. "Venha o teu reino, seja feita a tua vontade, assim na terra como no céu..." Qual o nome dessa criança? Como é a sua família? Do que gosta de brincar? Do que sente falta? Como aprendeu a orar assim? Eram várias as perguntas que povoavam a mente do estudante, enquanto ele observava o garoto, que certamente tinha menos de uma década de vida.

"O pão nosso de cada dia nos dá hoje; perdoa as nossas dívidas, como perdoamos os nossos devedores...". O torpor gerado pelos sedativos não era suficiente para abolir a espiritualidade do menino enfermo, que continuava a sua oração, enquanto o procedimento em si tinha início. A voz dele soava trêmula, fraca e sofrida. Havia angústia e medo, e, mesmo com os seus membros em repouso, a expressão facial da criança revelava tensão. Fácies de dor, diria um observador semiológico atento. A dor física estava sendo tratada pela anestesia tópica. Porém, como estariam as outras espécies de dor, que tantas vezes escapam dos fármacos? "E não nos deixes cair em tentação, mas livra-nos do mal...".

O acadêmico de medicina fixava atentamente os olhos nas mãos ágeis e eficientes dos profissionais que faziam o procedimento. Ele sabia que um dia seria ele o responsável por executar tal ato. No entanto, ao contemplar aquela cena, os seus olhos estavam sendo abertos para observar além da técnica. Uma sensação de compaixão pela criança crescia em seu interior. Algo está errado, não deveria ser assim. Uma criança não deveria estar com tanto sofrimento. Subitamente, crescia dentro dele a percepção de como o mundo parecia estar fora do lugar. O quanto o mundo precisava de um salvador... "Por que teu é o Reino, o poder e a glória para sempre...".

A criança proferia sua oração de modo ofegante, entrecortando cada palavra com uma respiração suspirosa. Medo e fé pareciam disputar lado a lado, como as duas faces de uma moeda que gira no ar. Quem triunfaria? O estudante olhou em volta e notou que uma das mãos do menino estava a poucos centímetros da sua. Com a crescente necessidade de ser útil e de aliviar de algum modo a dor do ser humano diante dele, sentiu o impulso de segurar a mão do pequeno. Gentilmente, ele repousou seus dedos sobre a mão do menino, fazendo desse gesto uma forma de alento. "Amém".

Aos poucos, a tensão no rosto do pequeno parecia esvaecer, enquanto o estudante o consolava por meio do toque. A respiração foi se tornando mais ritmada e a paz tomou conta do menino, como uma nuvem que surge para aliviar o calor do deserto. O estudante não sabia, mas foi agente daquele do Médico dos médicos, que um dia voltará para inaugurar Seu reinado de completa paz. O acadêmico percebeu que ser médico é ter a oportunidade de ser a demonstração do amor de Deus, de ministrar cura e amor às Suas criaturas, de ser benção.

Arthur Gutemberg dos Santos e Silva Lima — Médico, Maceió/AL

Confiança no Senhor: entrega total

Que o Senhor lhe responda no dia da tribulação; que o nome do Deus de Jacó o proteja! Que do seu santuário lhe envie socorro e que desde Sião o sustenha. Que ele se lembre de todas as suas ofertas de cereais e aceite os holocaustos que você ofereceu. Que Deus lhe conceda o que o seu coração almeja e realize tudo o que você planejou. Celebraremos com júbilo a sua vitória e em nome do nosso Deus hastearemos pendões. Que o Senhor satisfaça todos os seus desejos. Agora sei que o Senhor salva o seu ungido; ele lhe responderá do seu santo céu com a vitoriosa força da sua mão direita. Uns confiam em carros de guerra, e outros, em seus cavalos; nós, porém, invocaremos o nome do Senhor, nosso Deus. Eles se prostram e caem; nós, porém, nos levantamos e nos mantemos em pé. Ó Senhor, dá vitória ao rei; responde-nos quando clamarmos.

Salmo 20:1-9

Em um ambiente hospitalar ou consultório, muitas vezes nos vemos imersos em cenários desafiadores, comparáveis a uma guerra em que a vitória é o objetivo primordial. Imagine-se nessa situação, onde o conflito pode surgir entre membros da equipe, familiares, o próprio paciente ou até mesmo dentro de nossa própria mente. Esta guerra pode ser interna, uma batalha travada nos recônditos da mente.

De um lado dessa batalha, temos a certeza, o respaldo científico, a maturidade e os títulos profissionais como nossos aliados.

Por outro lado, encontramos a incerteza, a ansiedade e o medo de falhar, de comprometer-se. Quem sairá vitorioso dessa disputa? Este é um exemplo de uma batalha com um único propósito: afirmar a própria confiabilidade e credibilidade. E nesse embate, o que está em jogo vai além do controle da situação, pois a nossa imagem e reputação está em jogo.

Gostaria de convidá-lo para uma experiência única, na qual você silenciará todas as vozes críticas e passará a ouvir apenas uma: a voz do Senhor dos Exércitos. É por intermédio da oração e adoração que podemos chegar a esse lugar de confiança, entregando nossas inseguranças e aflições ao Senhor. É fundamental compreender que nem tudo está sob nosso controle e domínio. Podemos nos iludir, pensando que temos controle total sobre a saúde ou a doença, mas lamento dizer que isso só resultará em frustração para nós e para nosso trabalho. Davi sabia que o verdadeiro poder de sua nação não estava em seu armamento a não ser na adoração ao Senhor. Não estava em sua capacidade de fogo, a não ser no poder de Deus. É necessário cultivar a temperança.

Isso significa reconhecer que somos seres limitados e que confiamos nas mãos de um Deus ilimitado. O Senhor dos Exércitos está acima de qualquer planejamento. "O coração do ser humano pode fazer planos, mas a resposta certa dos lábios vem do SENHOR" (Provérbios 16:1).

Por isso, desafio você a orar o Salmo 20 com a convicção de que é Ele quem nos concede e continuará a nos conceder a vitória. Levante-se e permaneça firme nele. O conhecimento científico e acadêmico é muito importante, mas só o Eterno pode nos capacitar efetivamente para ajudar cada uma das pessoas em sua jornada. Não deposite sua confiança naquilo que é terreno, confie em Cristo

Ore assim: *Senhor, escuta meu clamor nos momentos de aflição e guarda-me de todo mal. Envia-me Teu auxílio e fortalece-me para enfrentar os desafios diários. Em todos os momentos, exaltarei o Teu nome. Enquanto alguns confiam em homens ou em suas próprias obras, eu deposito minha confiança no Teu nome, Senhor. Por isso, Tu me ergues e permaneço firme, pois em Ti reside todo o poder para sempre. Amém!*

Davi de Araújo Gonçalves e Silva — Psicólogo, Belo Horizonte/MG

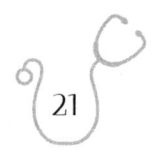

Coração puro e renovado

*Cria em mim, ó Deus, um coração puro
e renova dentro de mim um espírito inabalável.*

Salmo 51:10

Quando o coração entra em falência total a despeito de todo tratamento otimizado, a medicina recorre a um "novo coração". O transplante cardíaco, realizado com sucesso pela primeira vez em 3 de dezembro de 1967, na África do Sul, pelo cirurgião Christiaan Barnard. É uma terapêutica que resgata um doente terminal para uma nova vida. Uma outra forma de tratamento para substituir nossa "bomba" quando essa entra em falência foi acrescentada alguns anos depois com o desenvolvimento do coração artificial. Esse, porém, ainda não conseguiu avançar tanto e se tornar uma realidade para uso prolongado, sendo hoje usado principalmente como uma ponte para o transplante.

Assim como o órgão físico: músculos, valvas e vasos, o coração como fonte de emoções e vontades, destruído pelo pecado, também entra em colapso. Enganoso, desesperadamente corrupto (Jeremias 17:9), dele "procedem maus pensamentos, homicídios, adultérios, imoralidade sexual, furtos, falsos testemunhos, blasfêmias" (Mateus 15:19). Assim, ele evolui para um estado terminal e sua cura aos olhos humanos parece impossível. Vemos um indivíduo destruído e oprimido e perdemos a esperança.

No entanto, o restabelecimento para o coração espiritualmente devastado desde sempre é realidade. Não se trata de um transplante de um doador espiritualmente saudável tampouco de atitudes artificialmente modificadas. Deus é capaz de transformar o maior dos pecadores e colocar um novo coração, limpo, puro e disposto a adorar ao Criador acima de todas as coisas e ao próximo como a si mesmo. Isso tudo sem efeitos colaterais, rejeições, riscos de vida ou resultados negativos. Depois de renovado precisamos cuidar dele com as pílulas de oração, jejum, leitura bíblica e busca pela santificação por meio da ação do Espírito Santo.

Assim como o salmista, devemos reconhecer a nossa doença espiritual, confessar nossos pecados e orar pedindo a Deus um coração renovado, um espírito inabalável. Somente assim, nascendo de novo, as coisas antigas passarão e poderemos nos tornar novas criaturas e termos um coração realmente curado.

Glauco Franco Santana — Médico, Patos de Minas/MG

Deus está presente

*Ainda que eu andasse pelo vale
da sombra da morte, não temeria mal nenhum,
porque tu estás comigo; o teu bordão
e o teu cajado me consolam.*

Salmo 23:4

Há alguns anos procuro ler a Bíblia toda durante o ano. Por vezes, alguns textos me soam como que repetidos; porém incrivelmente experimento algo novo que o Espírito me traz em passagens que já li sei lá quantas vezes.

O salmo 23 é sempre traz sempre nova expectativa, fico na curiosidade para ouvir algo novo de Deus por intermédio desta passagem tão familiar.

O texto descreve um ambiente comum pra Davi, pastor de ovelhas, rei, homem segundo o coração de Deus. Davi parece iniciar como uma ovelha e finaliza como ser humano o vale é o local de transição.

O vale é uma área de baixa altitude cercada por outras áreas mais altas, geralmente montanhas e colinas. As guerras aconteciam nos vales; nos mais estreitos aconteciam as emboscadas de pessoas ou animais. Em vales assim podemos encontrar belas surpresas da natureza, nos sistemas fluviais e na biosfera em seu entorno. Ao redor do mundo existem belos vales e as visitações nesses locais geram lucros para seu país. O *Grand Canyon* por exemplo no Arizona, EUA, ou mesmo o vale *Kali Gandaki*, no Nepal, um dos mais profundos. Tive o privilégio de conhecer o *Blyde River Canyon* na África do Sul, entre um dos belos do mundo.

Mas voltando ao contexto de Davi, o vale trazia a possibilidade de perigo de morte, depois de lembrar que Deus era seu pastor, cuidador, provedor de alimento e descanso em pastos verdejantes e refrigério para sua alma junto a águas tranquilas; ele lembra a possibilidade das provações, testes, dificuldades ou atravessamentos que acontecem na vida "ainda que eu ande..." (v.4).

E de fato os atravessamentos chegam para todos, as horas difíceis nos relacionamentos; nas finanças, no lidar nos trabalhos, nos atendimentos, nas cirurgias, num erro, num pecado, numa má escolha, numa pessoa que morre sob nossos cuidados. Acontecimentos que surgem às vezes, de maneira brusca e "do nada". Uma doença, um transtorno, a sensação ou mesmo o desejo de morte como uma sombra nos faz companhia, lembrando-nos da nossa fragilidade, trazendo à tona os nossos limites e falhas. Ratificando a verdade que somos pó.

Daí o Espírito nos refresca ativando a nossa memória para a verdade de que não estamos sós, não precisamos temer, pois Alguém maior do que qualquer ser, maravilhoso, acima de tudo e todos, está conosco como sempre esteve. E com Seu cajado nos protege e guia e Seu bordão nos defende e corrige transportando-nos a novos lugares, às perspectivas diferentes que por vezes o medo nos cegou e incapacitou para identificá-las.

O Senhor nosso pastor está conosco no vale. Aleluia!

Sim, a situação talvez siga ruim por alguns quilômetros. Porém não estaremos sozinhos, pois a presença de Deus será notória redundando em paz, força, estratégias, alegrias e uma nuvem de testemunhas para nos encorajar, pois percebemos que de fato estávamos em um rebanho.

E a transição acontece, crescemos, aprendemos mais sobre nós mesmos e sobre Deus. Nosso relacionamento com Ele se aprofunda e se torna mais pessoal, verdadeiro e prático. É um banquete e unção para recordar quem somos, filhas e filhos do Pai, do mesmo pastor do caminho, cuja bondade e misericórdia nos acompanha todos os dias.

Maria da Conceição Antônio — Médica, Rio de Janeiro/RJ

23

Uma linda promessa

Bem-aventurado é aquele que ajuda os necessitados; o Senhor o livra no dia do mal. O Senhor o protege, preserva-lhe a vida e o faz feliz na terra; não o entrega à vontade dos seus inimigos. O Senhor o assiste no leito da enfermidade. Quando doente, tu lhe restauras a saúde.

Salmo 41:1-3

Esse salmo nos inspira quando atuamos como profissionais de saúde e quando estamos na condição de sermos cuidados. Ao cuidar de pessoas, o Senhor nos faz felizes e inclusive nos faz a promessa de livramento no dia mal. Há ainda uma outra linda promessa que pode trazer estranhamento para nós, pois geralmente quando estamos doentes somos cuidados ou assistidos por pessoas, sejam elas profissionais da saúde, familiares ou amigos. Mas, o salmista nos aponta que o Senhor assiste o enfermo e é o próprio Deus quem cuidará dele e ainda no momento da enfermidade afofará a cama, ou seja, trará conforto na enfermidade.

Nem sempre seremos curados no corpo instantaneamente, mas teremos o privilégio de sermos observados e cuidados pelo Senhor. Um é o cuidado do Senhor, outro é o ser curado. Mesmo distintos são maravilhosos demais, nossa mente não consegue mensurar, mas o primeiro nos sugere algo mais íntimo, mais aconchegante, caloroso e próximo. Para a mente humana o ser curado por Deus é algo poderoso. É normal para nós que Deus tenha poder, mas Deus vir, assistir, afofar ou ajeitar a sua cama nos constrange. Que possamos ter essa consciência de que às vezes Ele nos curará, mas às vezes Ele virá até nós e nos confortará.

A cura não exclui o cuidado, nem o cuidado a cura, mas o fato de termos a promessa do cuidado do nosso Deus nos traz alegria, paz e confiança em Sua Palavra.

Ana Luiza Gomes Pereira — Psicóloga, Sabará/MG

Alma sedenta

Ó Deus, tu és o meu Deus; eu te busco ansiosamente. A minha alma tem sede de ti; meu corpo te almeja, como terra árida, exausta e sem água.

Salmo 63:1

Muitas vezes necessitamos tanto do Senhor que não somente a nossa alma o deseja e implora por Ele. Até o nosso corpo começa a desejar e suplicar pela presença de Deus. Vemos isso quando ocorrem as doenças que começam em nossas emoções e logo sentimos a enfermidade no corpo. Não sabemos ao certo se o salmista se queixa de uma enfermidade propriamente, mas ele expressa no versículo deste dia uma ansiedade na alma. Isso sugere o indício de uma enfermidade e ainda ele está sedento não apenas na alma, mas também no corpo.

Às vezes nos sentimos assim, com a alma ansiosa e sedenta de refrigério. Acabamos percebendo isso também no corpo por meio da exaustão, do estresse e outros fatores, mas no Senhor podemos saciar a nossa sede.

Quando buscamos o Deus forte, mudamos a direção da ansiedade, ao invés de uma ansiedade que adoece, uma ansiedade que nos faz correr e nos lançar nos braços do Pai. Com certeza, nele a nossa sede é saciada, jamais voltamos sem beber da fonte de água viva que é o Senhor. Sempre que tiver sede, busque-o e vá até Ele.

Glória a Deus porque podemos nos saciar no Senhor!

Ana Luiza Gomes Pereira — Psicóloga, Sabará/MG

Nosso habitat está em Deus

> *Quão amáveis são os teus tabernáculos,*
> *Senhor dos Exércitos! A minha alma suspira e desfalece*
> *pelos átrios do Senhor; o meu coração e a minha*
> *carne exultam pelo Deus vivo! O pardal encontrou casa*
> *e a andorinha, ninho para si, onde acolha os*
> *seus filhotes; eu, os teus altares, Senhor dos Exércitos,*
> *Rei meu e Deus meu!*
>
> Salmo 84:1-3

Esse salmo é também uma canção muito inspiradora ao nosso coração. Vemos nele aspectos que profissionais da saúde estão acostumados a lidar: alma, coração, carne ou corpo. A alma suspirar e desfalecer pelos átrios do Senhor sugere angústia e tristeza. Quando não estamos próximos do Senhor, tanto o coração como a carne clamam por isso.

Em nossa casa terrena podemos descansar, em nossa casa temos paz, em nossa casa podemos ser nós mesmos e é isso que o salmista traz: como os animais têm o seu habitat natural, o nosso é o Senhor.

Em Deus está a nossa casa, o nosso habitat, no Senhor desenvolvemos e crescemos! Percebemos a necessidade de uma habitação, de um lugar de pertencimento tanto em nós como em nossos pacientes. Assim é importante ajudá-los e conduzi-los a encontrar o seu habitat em Deus, o que trará naturalmente um lugar seguro, protetor e até de cura seja na alma, no coração e até mesmo no corpo. Podemos orar, adorar, louvar e assim encontraremos os altares, lugar de habitação do nosso Deus e nesse local habitar com Ele!

Ana Luiza Gomes Pereira — Psicóloga, Sabará/MG

26

Nada me faltará

O Senhor é o meu pastor; nada me faltará. Ele me faz repousar em pastos verdejantes. Leva-me para junto das águas de descanso; refrigera-me a alma. Guia-me pelas veredas da justiça por amor do seu nome. Ainda que eu ande pelo vale da sombra da morte, não temerei mal nenhum, porque tu estás comigo; o teu bordão e o teu cajado me consolam. Preparas-me uma mesa na presença dos meus adversários, unges a minha cabeça com óleo o meu cálice transborda. Bondade e misericórdia certamente me seguirão todos os dias da minha vida; e habitarei na Casa do Senhor para todo o sempre.

Salmo 23

Todos os dias podemos acordar declarando que temos tudo o que precisamos, e que nada nos falta, pois o Senhor é o nosso pastor, e Ele supre todas as nossas necessidades. Não há dúvidas de que essa certeza pode trazer ao nosso coração a paz que excede todo o nosso entendimento, ainda que por vezes possam sobrevir dúvidas ao nosso coração.

Como de nada terei falta quando a saúde me faltar? Ou quando uma crise financeira chegar em minha família? Como de nada terei falta quando uma tempestade sobrevier e já não mais conseguirei encontrar os pastos verdejantes?

Talvez, seja necessário compreendermos que a suficiência de Cristo é o que supre todas as nossas necessidades. Deus não nos chama para vivermos uma vida de plena calmaria, mas Ele nos convoca para vivermos uma vida de entrega a Ele. Se pertencemos ao Senhor, Ele cuidará de todas as coisas. Pois, ainda que a saúde não seja restaurada, Ele é quem que traz a paz ao maior tormento. Ele é o que multiplica os pães e os peixes, e que não permite que Seus filhos não tenham o sustento básico da vida. Nada me faltará. O Senhor é o nosso pastor, e podemos descansar na verdade de que Ele é bom, sempre bom.

Ainda que possamos não ver sua glória ao curar nossas enfermidades, temos a certeza de que um dia todos nós veremos a sua glória diante de nossos próprios olhos. Deus cura, curou no Antigo Testamento, no Novo Testamento e cura em nossos dias. Mas todos os que foram curados um dia se foram. Mas, aqueles que aceitam o amor de Jesus e entregam sua vida a Ele, podem ter a confiança de que em todas as coisas, seja na doença ou na cura, há um bom Deus sustentando a sua vida. Durante todos os nossos dias, os quais de antemão foram contados, podemos nos deleitar na presença do nosso Deus, tendo a certeza de que a bondade e a misericórdia do Senhor nos seguirão.

Lucas Pereira Jacques — Estudante de Medicina, Niterói/RJ

27

Ansiedade e o tempo de Deus

O coração me ardia no peito; enquanto eu meditava, um fogo se acendeu dentro de mim. Então eu disse em voz alta: "SENHOR, dá-me a conhecer o meu fim e qual é a soma dos meus dias, para que eu reconheça a minha fragilidade.

Salmo 39:3-4

Nesse salmo, o rei Davi demonstra uma angústia profunda, e num momento de ansiedade ele relata uma queixa comum nos nossos consultórios, a dor no peito, o que muitas vezes nos faz buscar uma causa orgânica, biológica e na verdade esse sintoma poderia ser reflexo de um momento de ansiedade, tristeza, as vezes uma luta espiritual.

Mas aqui o salmista, não sabemos relatar a sua idade, pode também estar preocupado com algum problema físico, já que uma das complicações do envelhecimento são as doenças degenerativas como a doença isquêmica e o sintoma referir-se à angina pectoris.

Nesse lindo salmo, então, vemos a fragilidade da condição do homem com o transcurso da vida. Com o passar do tempo nosso corpo sofre com as mudanças fisiológicas intrínsecas ao envelhecimento, e mesmo para os mais fortes, abastados esse tempo chega, com todas as suas limitações.

Nos versículos 5 e 11, o salmista inclusive comenta que tudo não passa de vaidade; tudo passará num piscar de olhos, por isso devemos sempre buscar a Deus, para que nos tornemos sábios e para que Ele nos mostre o sentido e o propósito da vida. Sejamos sábios e usemos os dons dados por Ele, sempre para a Sua glória. Além do mais, os problemas em nossa vida não seriam somente as tribulações, mas a falta de sentido e propósito.

No final do salmo, versículos 12 e 13, Davi revela que devemos sempre buscar em Deus o nosso refúgio, nosso socorro. Ele ouve o coração dos aflitos, portanto, devemos sempre pedir em nossas orações ao nosso Pai querido, Deus de misericórdia, Senhor do tempo e Ele irá nos acalmar, e por intermédio de seu Espírito Santo nos conceder orientação, sabedoria e virá nos socorrer.

Devemos pedir que o propósito de nossa existência seja sermos instrumentos dele na vida de nossos pacientes, e das demais pessoas ao nosso redor, levando-lhes o evangelho de nosso Senhor Jesus Cristo, dando-lhes alento, nos momentos difíceis, e nunca virarmos as costas. Quando estivermos diante de doenças terminais, nunca deixar transparecer que não há mais nada a se fazer, afinal de contas há o conforto, o cuidar da espiritualidade, a valorização do paciente como um ser completo, algo que inclusive tem sido demonstrado em estudos sobre espiritualidade/religiosidade e saúde, pois isso muda os desfechos ou pelo menos traz paz.

Que nosso Senhor Jesus Cristo nos abençoe, nos de ânimo, força, paz espiritual e sabedoria para continuarmos firmes como Seus servos e dignos de sermos chamados Médicos de Cristo, amém.

Alessandro Reis — Médico, Patos de Minas/MG

Muralhas do coração e da mente

Sonda-me, ó Deus, e conhece o meu coração, prova-me e conhece os meus pensamentos; vê se há em mim algum caminho mau e guia-me pelo caminho eterno.

Salmo 139:23-24

Deus conhece o nosso coração e os nossos pensamentos, pois Ele é onisciente. O salmista afirma isto nos versos iniciais do Salmo 139 inclusive. Então, por que, mais para frente, ele escreve para Deus sondar o nosso coração e os nossos pensamentos? O que ele quer é que o Espírito Santo nos revele o que está oculto dentro de cada um de nós: nossos pensamentos, emoções, motivações que muitas vezes não percebemos, pois tudo isso está escondido e protegido por muralhas quase intransponíveis erguidas pelas agruras e situações traumáticas que a vida nos impõe.

Quando me converti achava na minha ingenuidade de novo convertido que o velho homem estava morto e com ele todas as emoções, sentimentos e pensamentos antigos. Ledo engano, apesar de sentir que alguns sentimentos e atitudes haviam mudado em meu interior. Senti além de uma felicidade e plenitude que nunca sentira antes, muitos outros pensamentos, sentimentos, atitudes e emoções que continuavam iguais as atitudes daquele velho homem. Isso afetava diretamente o meu dia a dia e o atendimento de meus pacientes, exatamente como está escrito na Bíblia: "Porque não faço o bem que eu quero, mas o mal que não quero, esse faço". Romanos 7:19. Isso me deixava triste e cabisbaixo.

Só então descobri a diferença entre nascer de novo e conversão da alma. Ao receber Jesus como meu Senhor, eu tinha nascido de novo e estava salvo, mas minha alma não estava convertida automaticamente. A conversão ou regeneração da alma, também conhecida como santificação, é um processo contínuo e lento e pode ser de dura batalha para derrubar as muralhas da nossa mente e coração.

Foi quando descobri que Deus pode nos usar, profissionais da área da saúde, como instrumentos eficazes para derrubar todas essas muralhas que erguemos como consequência de feridas abertas, vergonha e culpa, entre outras causas. Quanto mais forte a muralha, mais fragilidade há dentro dela. Com a ajuda destes profissionais e de autoridades eclesiásticas, todas as muralhas que ergui dentro de mim estão sendo derrubadas, uma a uma, e desta maneira, estou sendo guiado pelo caminho eterno.

E você, quais muralhas tem levantado em volta do seu coração e da sua mente? Talvez você não tenha percebido isso. Se você tem alguma área na sua vida, seja pessoal, profissional ou relacional, que está parada ou não consegue enfrentar, seja por medo ou por se achar incapaz, algo que lhe perturba e atormenta, muitas vezes sem saber exatamente o que seja, talvez um pecado ou um vício que não consegue vencer, ou muitas outras aflições para as quais parece não haver saída por mais que você se esforce, enfim, é um sinal de que há uma muralha a ser derrubada. Na verdade, são sinais de que Deus o ama muito e que está lhe mostrando que algo está muito errado em sua vida.

Então, peça ao Espírito Santo para sondar seu coração e seus pensamentos e revelar todas essas muralhas, pois Ele pode lhe mostrar como elas podem ser derrubadas. Seja pela graça e misericórdia direta do Senhor ou pela ajuda de um profissional da saúde, você alcançará a vitória, pois em Cristo Jesus, você é mais do que vencedor.

Lino Mikio Tiba — Médico, Campo Grande/MS

29

Sede por vida plena

*Ele me faz repousar
em pastos verdejantes.*

Salmo 23:2

Não sei vocês, mas na maioria das cenas com ovelhas no pasto, elas estão comendo. Não tenho profundos conhecimentos sobre ovinocultura, porém geralmente um animal se deita em meio a oferta de alimentos, quando está satisfeito. Davi inicia este salmo afirmando que Deus é Seu pastor e que de nada terá falta. Davi era pastor e conhecia bem o seu ofício no cuidado de ovelhas, na função de levá-las para boas pastagens, tinha um relacionamento com o rebanho, conhecia as características comportamentais de cada uma.

Deus em sua infinita capacidade de amar sabe de tudo que precisamos para experimentarmos uma vida plena e conhece o que realmente traz satisfação ao ser humano. O livro de Gênesis cita que Deus visita o homem no jardim diariamente e que desenvolveu um relacionamento de amor com o casal.

O verdadeiro pastor ao longo do tempo cultiva confiança e suas ovelhas desenvolvem uma relação afetiva além da dependência para sua sobrevivência. Os animais tem este lado de fácil confiança com aqueles que cuidam de sua vida; lembro-me de meu cachorro lá em Moçambique, Belo, ele preferia estar comigo além de qualquer outra coisa, e até mesmo sua comida ficava embaixo de minha janela.

O quão profundo e relevante é para mim e você nossa relação com Deus? O quanto apreciamos e nos deliciamos em Sua presença? Davi desenha um quadro em que uma ovelha parece ter tanto prazer na presença de seu pastor, que relaxa e se deita, perante um banquete em pastos verdejantes, ela escolhe deitar--se e vivenciar um encontro com seu pastor.

Procuro muito por isto no meu dia a dia, deliciar-me com a presença do Pai, fazer de nossos encontros um momento de relaxamento. Amar é uma escolha e dedicar tempo ao ser amado é uma linguagem necessária em nossa relação com Deus.

Desafio-os a experimentarem e desenvolverem a quietude para se deitar perante a banquetes que saltam aos nossos olhos, perante a realização de desejos do coração que nem sempre correspondem aos propósitos de Deus.

Desafio-os a vivenciar esta relação mais pessoal, profunda, verdadeira e prática com Deus e a nele buscar o suprimento das suas necessidades; investir confiança e dependência nele.

Desafio-o a soltar a necessidade de controle de sua vida.

Desafio-o a trilhar uma vida em liberdade e fé no Único que de fato é capaz de saciar nossa sede por vida plena.

Maria da Conceição Antônio — Médica, Rio de Janeiro/RJ

A alegria da confiança

*Os que olham para ele ficarão radiantes de alegria;
o rosto deles jamais se cobrirá de vexame.*

Salmo 34:5

A confiança na soberania do Senhor é o único tipo de confiança capaz de trazer contentamento não circunstancial. Em todo o Salmo 34, o salmista nos convida a provar da bondade de Deus mas, em especial, no versículo 5, somos lembrados da poderosa verdade sobre a alegria que vem da confiança em Deus.

Em um mundo onde os desafios da saúde são constantes e as expectativas muitas vezes se confrontam com a realidade, é fácil sentir-se sobrecarregado e até mesmo desanimado. No entanto, a Palavra nos assegura de que aqueles que fixam seus olhos no Senhor encontram a alegria que transcende as circunstâncias.

Quando olhamos para Ele em busca de força e sabedoria para continuar a caminhada, somos revigorados. Não importa quão desafiadoras sejam as situações que estamos a enfrentar, a promessa é que nosso rosto não demonstrará decepção.

Vivenciamos situações em que muitas vezes parece não haver solução, lidamos com dores intensas e momentos de tristeza. No entanto, há uma promessa de alegria e paz que excede todo o entendimento quando nossos olhos estão fixos em Deus.

Mesmo diante da fragilidade da vida e da inevitabilidade de alguns momentos finais, a presença do Pai nos conforta e traz serenidade ao coração. Assim também ocorre com pacientes que permanecem firmes na fé e por meio dela encontram força e confiança inabaláveis de que Deus os acompanha em todos os momentos, inclusive nos mais difíceis. Portanto, cultive uma prática diária de ater seus olhos fitos em Deus e que a alegria que vem da confiança nele seja a luz que brilha em seu coração, irradiando esperança e cuidado para aqueles a quem vocês servem.

"A felicidade pela qual nossa alma suspira é essa felicidade imperturbável ante o sucesso ou a derrota, que se radica profundamente em o nosso íntimo e nos faculta interior descanso, paz e contentamento, sejam quais forem os problemas que se agitem na superfície." Billy Graham (*O segredo da felicidade*, Ed. Bom Pastor, 2018).

Susanna Cristina de Carvalho Fernando
— Estudante de medicina, Porto Velho/RO

O Deus que ouve

Amo o Senhor, *porque Ele ouve
a minha voz e as minhas súplicas. Porque inclinou
para mim os seus ouvidos, eu o invocarei
por toda a minha vida.*

Salmo 116:1-2

Amanhece mais um dia e aqui estou eu a falar com o Senhor. Suas misericórdias se renovaram nessa manhã. Seu amor leal foi provado por mais um dia de vida que Ele me concede e pelo privilégio de cuidar das vidas que Ele colocará em meu caminho hoje.

E, em oração, reconheço: como sou limitada! Como preciso da graça, do discernimento e da iluminação do Senhor em minha mente para tomar as melhores decisões. Como preciso da sensibilidade dele para trazer as palavras de vida eterna na hora certa.

Todos os dias é necessário um tempo de consagração do meu trabalho, meu ministério com a medicina, para que meu coração esteja no lugar certo. Todos os dias é necessário esse encontro com Deus para que eu possa alinhar meu coração ao dele e busque cumprir o Seu querer.

É impressionante que, por mais que o tempo passe, Ele permanece o mesmo. Ainda que sabendo o que vou orar, Ele sempre está disponível para o nosso encontro. E a minha alma pode declarar "amo o Senhor, porque Ele ouve a minha voz e as minhas súplicas. Porque inclinou-se para mim os seus ouvidos"

(Salmo 116:1-2). **Deus nunca é apático ou distante. Ele é um Deus de muito perto, que se importa comigo.**

A cada manhã, conhecendo essa parte do caráter dele, que além de ser o Deus que me vê, Ele também é o Deus que me ouve, Ele me impulsiona a pensar: como ouvirei as pessoas com as quais eu me encontrar hoje?

Diante de um Deus tão presente, que mesmo em toda a Sua majestade, ainda se importa com minhas dores, minhas súplicas e meus sofrimentos, a minha forma de ouvir as pessoas precisa refletir, ainda que imperfeitamente, a essência destes ouvidos tão sensíveis, que acolhem cada uma de minhas orações.

A maioria de nós, como profissionais de saúde, passa o dia todo ouvindo sobre dores, sofrimentos, lamentações, tragédias, tristezas. Ou pedidos e buscas por uma vida mais saudável. É como se cada uma das queixas dos pacientes fossem orações. Pedidos para serem ajudados, acolhidos, consolados.

Como temos recebido esses pedidos? De forma puramente técnica, científica, superficial, com pressa, com preguiça, achando que já sabemos como tratar, antes de terminarmos de ouvir o que o paciente precisa expressar? Ou da forma como todos os dias o nosso maravilhoso Deus faz conosco, ouvindo-nos ativamente, inclinando-se a cada uma de nossas orações?

Certamente temos nossas limitações, fragilidades, e também as do sistema no qual estamos inseridos, e também não seremos exatamente como o Senhor é. Mas quanto mais entramos em contato, no secreto, e nas pequenas pausas do dia, com Aquele que sempre nos ouve, mais poderemos ser impulsionados a desejar ouvir de fato quem está diante de nós. E receberemos sabedoria do alto para lidar com as limitações em nós e ao nosso redor.

E, ao ouvir de forma compassiva e misericordiosa nossos pacientes, estaremos apontando para Aquele que nos ouviu de manhã, que nos ouve todos os dias e a quem cada paciente pode ter a verdadeira resposta para suas súplicas e necessidades mais profundas. Aquele que conhece nossas palavras antes mesmo de elas chegarem em nossos lábios. Aquele que é um Deus que ouve e pode nos ensinar a ouvir em amor e compaixão. E, neste caminho, quando formos falar sobre quem é o nosso Senhor, os pacientes estarão mais sensíveis a ouvir-nos e abertos a conhecer Aquele que saberá ouvi-los e cuidá-los perfeitamente.

Aysla Rinaldo — Médica, Itapeva/SP

O uso da língua

*...Põe guarda à minha boca, Senhor;
vigia a porta dos meus lábios.*

Salmo 141:3

Lesões cerebrais como acidente vascular cerebral, tumores e doenças degenerativas podem resultar em danos às áreas que controlam a linguagem, levando ao quadro de afasia. Em consequência disso o indivíduo tem dificuldade de se comunicar adequadamente. Essa disfunção afeta a compreensão de imagens, sons e outros tipos de expressão como a produção da fala, acarretando uma piora significativa da qualidade de vida e das relações pessoais.

A Palavra de Deus nos mostra em várias passagens a necessidade de nos expressarmos adequadamente e refrearmos a nossa língua. Davi busca proteção divina para que sua boca não seja levada a proferir palavras desagradáveis. Ou seja, o salmista reconhece a importância de controlar sua fala e evitar o mal. Em outra passagem ele reforça em suas orações o pedido para que o Senhor o guarde para não pecar com sua língua. O homem segundo o coração de Deus nos ensina que a boca é uma ferramenta poderosa e que deve ser usada com sabedoria. Nos evangelhos, Jesus deixa claro que a nossa boca fala do que está cheio o coração.

Nos casos de afasia, o paciente busca atendimento em fonoterapia com o objetivo de reabilitar a fala ou encontrar alternativas para uma nova eficiência comunicativa. Assim o terapeuta atua como instrumento para promover uma melhora na comunicação e expressão do paciente. Este fará uso da palavra seja escrita ou falada para se comunicar.

A Bíblia nos ensina a buscar sabedoria no falar. Salomão afirmava que a língua do sábio traz a cura e que palavras agradáveis são como favo de mel: doces para alma e remédio para o corpo. Ele também considerava que quem controla a língua é sensato. Nossa fala tem agradado a Deus? O nosso coração está cheio de amor, fé e esperança? Uma fonte de água salgada não pode produzir água doce! Nossa vida tem que ser cuidada pelo Médico dos médicos para que a velha natureza seja transformada e que em Cristo nos tornemos nova criatura. Nosso falar tem que ser tratado pelo Terapeuta dos terapeutas para que não tropecemos e assim dominemos o nosso corpo. Devemos ser imitadores do nosso Mestre, o maior exemplo do uso perfeito das palavras. Somente assim, com Ele e por meio dele, as lesões causadas pelo pecado poderão ser saradas.

Cristiane Almeida Maciel Santana — Fonoaudióloga, Patos de Minas/MG

A morada do descanso

*Aquele que habita no esconderijo
do Altíssimo, à sombra do Onipotente descansará.*
Salmo 91:1 (ARC)

Provavelmente você já citou esse salmo alguma vez na vida, mas já parou para analisar quanto sentimento possui cada trecho? Nessa pequena frase, há um sermão inteiro, um resumo simplificado do amor de Deus por você. Vamos fazer uma rápida definição de algumas dessas palavras?

Habitar
O mesmo que morar, o local onde estamos todos os dias, é intimidade, onde somos nós mesmos, sem máscaras sociais.

Esconderijo
Lugar secreto onde os seus inimigos não o podem encontrar; lugar seguro. Descansar à sombra: é confortável, fresco e agradável. A sombra pressupõe uma cobertura, proteção.

Onipotente
Ele tem todo o poder, pode todas as coisas. O salmista afirma que se você busca a presença de Deus todos os dias, e o deixa fazer morada de um jeito íntimo; você estará seguro e protegido, e seus inimigos, mesmo que o busquem, não o encontrarão.

Portanto, você pode descansar confortavelmente sob a proteção daquele que pode todas as coisas. Se você precisa de esconderijo e de sombra, proteção e descanso, habite com Ele, viva em Sua presença.

Juliana Labrujó de Oliveira — Dentista, Rio de Janeiro/RJ

O lugar de descanso real

Somente em Deus, ó minha alma, espere silenciosa, porque dele vem a minha esperança. Só ele é a minha rocha, a minha salvação e o meu alto refúgio; não serei jamais abalado.

Salmo 62:5-6

Como cristãos e profissionais de saúde, não apenas nos dedicamos tecnicamente a nossos pacientes, mas também envolvemos os nossos sentimentos. Buscamos, como Jesus nos ensinou, amar ao próximo, exercer compaixão e estarmos sempre prontos para compartilhar o evangelho quando percebemos o solo fértil na vida daquele que está diante de nós em sofrimento.

A dedicação ao trabalho, enxergando-o como nosso campo missionário diário, associada às pressões do sistema ou de nossos chefes, pode frequentemente nos trazer dias cansativos e, por vezes, exaustivos.

É certo que precisamos conhecer bem os nossos limites e respeitá-los, bem como lutar para que não idolatremos as nossas tarefas. Porém, ainda assim, há aqueles dias em que passamos por uma rotina desgastante. Nos quais nosso corpo e nossa alma cansam mais. O que nos anima, entretanto, é sabermos que há um lugar seguro para descansarmos.

Por mais que possamos dormir, praticar atividades físicas, alimentarmo-nos e nos hidratarmos, desfrutarmos de um lazer saudável e termos um bom relacionamento com nossa família e comunidade de fé, na intimidade do nosso ser há apenas um lugar no qual nossa alma pode verdadeiramente descansar.

Por vezes, nos esquecemos deste lugar. Então, é preciso lembrar a nossa alma: "Somente em Deus, ó minha alma, espere silenciosa" (Salmo 62:5). Todas as outras formas de descanso são importantes e necessárias, mas nenhuma supera ou se compara ao verdadeiro descanso que encontramos nele.

É preciso "derramar diante dele o [nosso] coração" (v.8) todos os dias, no lugar secreto. É preciso lembrar que temos limitações, que somos frágeis e que sem Ele nada podemos fazer. É preciso educar e amansar a nossa alma em um contexto que, por vezes, valoriza tanto a independência, o orgulho e a soberba que ela por si mesma não é capaz de viver e cumprir o chamado de Deus.

Somente no Senhor há o real descanso! Quando acessamos este lugar, nossa alma encontra plenitude, gratidão, satisfação, pertencimento e convicção do cuidado de Deus em cada circunstância.

Ao se colocar no lugar de dependência do Seu Criador, a alma passa a entender que todas as habilidades, o amor, a disposição, a saúde e a força que Ele concede para trabalhar devem ser ofertas a Ele. E o que a alma ainda precisa desenvolver, para servir melhor, Ele também a concederá, conforme buscarmos o Senhor e no Seu devido tempo. A alma passa a reconhecer sua necessidade de intimidade e entrega ao Senhor para poder seguir na vocação para a qual foi chamada.

E assim, mesmo após os dias que parecem os mais pesados, podemos encontrar o refúgio e a esperança naquele que nunca se cansa e tem o poder de nos restaurar para mais um dia por vir, como instrumentos nas mãos dele.

Aysla Rinaldo — Médica, Itapeva/SP

35

O Senhor me conhece

Os meus ossos não te foram encobertos, quando no oculto fui formado e entretecido como nas profundezas da terra. Os teus olhos viram a minha substância ainda informe, e no teu livro foram escritos todos os meus dias, cada um deles escrito e determinado, quando nem um deles ainda existia. Que preciosos para mim, ó Deus, são os teus pensamentos! E como é grande a soma deles!

Salmo 139:15-17

Do terraço do hospital, numa noite de sexta-feira, eu olhei para o céu. Não vi muitas estrelas. Vi muitas nuvens, isso sim. As estrelas estavam lá, detrás das nuvens, das luzes. Olhei para o horizonte, cheio de prédios e pontos de luz de todos os lados. E carros passando, sinaleiros e motos, faróis e, de repente, aviões. Naquele momento, o terraço era o centro do mundo. Tudo em volta estava abaixo dele. E eu podia ver para onde o carro vermelho iria se virasse à direita ou à esquerda. Sabia que, dentro do muro da casa velha, havia uma senhora. Sabia onde a rua terminava e qual ônibus era o próximo a sair do terminal. Tudo estava ali, diante de mim.

Mas, mesmo eu podendo ver a iminência de um acidente, não poderia evitá-lo. Eu não estava atrás do volante. Diferente de Deus, ali, naquele terraço, eu não poderia fazer nada. Assim como Deus, eu não mudaria as escolhas dos motoristas.

Debaixo daquele terraço, eu e outros tantos colegas observamos a vida de cima. Vemos a todo momento a dor e a morte vindo logo ali, a alcançar o paciente. E às vezes pensamos, como eu naquele terraço, que temos o poder de mudar alguma coisa no curso dessa vida. Pensamos que estamos no controle, que podemos salvar as pessoas, que somos superiores ao que acontece aos pacientes.

E pensamos: "Eu estudei para isso, eu sei o que está acontecendo dentro dessas células! Eu posso tomar a decisão que vai salvar alguém!". Mas, antes mesmo que tenhamos a oportunidade de agir, assistimos, impotentes, a vida de tantos escorrerem por entre nossos dedos. Ah, quão grande frustração! Não estamos no controle de nada.

Deus, o Criador de tudo. Vê tudo em Seu tempo, controla cada reação química do nosso metabolismo e cada excitação eletrônica nas camadas mais ínfimas de todos os átomos. Tem ao alcance das mãos cada buraco negro e cada supernova. Conhece os limites do Universo e de cada mente. Ele olha todos e cada um ao mesmo tempo, fora do tempo.

Deus, que escreveu uma história para cada um e viu cada embrião ser formado, que moldou cada célula e costurou tecidos, que delimitou os limites de cada mente e o fim de cada vida. Ele é o mesmo Deus, que assiste, todos os dias, pessoas virando as costas para Seu amor. Deus, que observa o pecado entrando em cada fissura humana.

Deus, que poderia tomar a decisão mais fácil: arrancar o mal pela raiz. Consertar a criação.

Mas, a decisão já foi tomada há muito tempo. A redenção foi consumada por meio da naturalização do sobrenatural. Ele quis, decidiu, submeteu-se à minha condição impotente e saiu intacto, eterno, incorruptível. Deus, imutável, mesmo sendo o EU SOU, mesmo quando homem. Deus, que volta olhos, ouvidos e coração explodindo de alegria - para um terraço de hospital, no meio desse planeta mau, para ouvir e derramar Seu amor perfeito sobre o vilão dessa história: eu.

Pois Ele viu o meu embrião no início e contou os meus dias até o fim. Ele sempre esteve no trono e lá estará para sempre. Ele é Deus soberano sobre todas as coisas. Inclusive sobre esse hospital, sobre esses pacientes.

Nycole Soares — Estudante de medicina, Curitiba/PR

Refletindo a imagem de Cristo

Quando contemplo os teus céus, obra dos teus dedos, e a lua e as estrelas que estabeleceste, que é o homem, para que dele te lembres? E o filho do homem, para que o visites? Fizeste-o, no entanto, por um pouco, menor do que Deus e de glória e de honra o coroaste.

Salmo 8:3-5

O profissional de saúde está exposto diariamente à dor de seus pacientes. Isso muitas vezes pode nos deixar sobrecarregados física, emocional e espiritualmente. A autora, Maria Luiza Ruckert afirma: "O profissional de saúde é um cuidador que sofre. Quem convive e lida diariamente com a dor dos outros é uma pessoa em sofrimento contínuo, esteja ou não consciente disso" (Capelania Hospitalar e Ética do cuidado, Ultimato, 2020).

Você não pode salvar os outros sem antes salvar a si mesmo. Precisamos prezar pela nossa vida emocional, espiritual, pelo nosso corpo para então estarmos prontos a cuidar do outro. Cuidar vem do latim *cogitare*, que significa pensar; ou seja, cuidar é pensar em alguém antes de nós mesmos. Cuido porque amo, mas também preciso de cuidado.

Jesus elencou os dois principais mandamentos, sendo o mais importante amar a Deus de todo seu coração, de toda sua alma e de todo seu entendimento. O segundo, amar o próximo como a si mesmo. Porém, amar a si mesmo não é baseado no nosso amor-próprio, mas no amor que Deus derramou pela nossa vida. Quando entendemos a dimensão desse amor, posicionamo-nos como filhos amados, feitos à imagem e semelhança do Criador. Revelamos a imagem de Jesus em nós quando transbordamos esse amor por meio da nossa vida no cuidado com o próximo. Quando entendemos nosso papel e nossa identidade em Cristo, não podemos deixar de cuidar da nossa saúde física, emocional e espiritual. Valorizar a nossa história, a nossa vida, sabendo que somos amados por Deus e que Ele cuida de nós em todos os detalhes, leva-nos a olhar para nós mesmos com mais carinho e cuidado. Alimentar a nossa alma com a Palavra de Deus e o nosso Espírito permanecer em intimidade com o Senhor nos levará a pensar no próximo sem nos esquecer de algo muito importante: só podemos dar ao outro o que temos e não podemos cuidar de alguém se não cuidarmos primeiro de nós mesmos.

Ludimila Cassia Rosa Nakamura — Fisioterapeuta, Londrina/PR

Por que Deus permite o sofrimento?

Eterna é a justiça dos teus testemunhos;
dá-me entendimento, e viverei. De todo o coração eu te invoco;
ouve-me, SENHOR; observo os teus decretos.

Salmo 119:144-145

O sofrimento, à luz da Bíblia, não é apenas uma realidade inevitável, mas uma oportunidade para aprofundar nossa compreensão da natureza humana e da relação com o nosso Criador. É nos momentos de dor que somos desafiados a examinar as nossas convicções mais profundas, enfrentar nossos medos, perseverar em meio aos desafios e encontrar consolo na presença de um Deus que sofreu conosco.

Durante os momentos de angústia, muitos tendem a questionar a autoridade e o poder de Deus. Alguns tentam usar a racionalidade para dizer que um Deus tão bom e poderoso é incompatível com o sofrimento. Outros se voltam contra o Senhor simplesmente por não gostarem de um Deus que permite que seus filhos sofram.

A fim de permanecermos firmes em meio às tribulações, precisamos entender que para que existisse livre-arbítrio, Deus também nos deu a opção de escolher não o seguir. E foi a partir do primeiro pecado que a dor e o sofrimento entraram no mundo. Além disso, o fato de Deus ser bom e todo-poderoso, não impede que Ele permita que momentos de desafio e dor gerem correção e fortalecimento dos Seus filhos. Temos um Pai que nos consola e permanece conosco em todas as situações. Para tirarmos algo bom daquilo que é desagradável, é preciso apenas olhar com os olhos do Espírito Santo. Como disse o salmista, o discernimento do Senhor me traz vida.

Desafio-o a ressignificar os momentos de sofrimento, pois, por vezes, uma ferida aberta pode ser vista como uma incisão cirúrgica para que algo em nosso interior seja consertado. Em sua carta, o servo de Cristo reforça essa ideia ao dizer "Meus irmãos, tenham por motivo de grande alegria o fato de passarem por várias provações, sabendo que a provação da fé que vocês têm produz perseverança" (Tiago 1:2-3).

Você já orou para que Deus lhe trouxesse algo bom a partir dos momentos de dor e sofrimento? Faça esta oração e busque no Senhor o entendimento para ressignificar a dor: *Meu Senhor, obrigado por estar ao meu lado em cada situação. Peço-te que me dês discernimento e consolo em meio aos momentos de sofrimento, revela-me o Teu propósito e faz-me confiar no Teu poder. Em nome de Jesus. Amém.*

Antonietta Saldanha Alves Bortolone Merlo
— Estudante de medicina, Belo Horizonte/MG

38

Todos os dias da minha vida

> *Bondade e misericórdia certamente me seguirão todos os dias de minha vida; e habitarei na Casa do SENHOR para todo o sempre.*
>
> Salmo 23:6

Ser médico envolve encarar, quase todos os dias, uma das mais duras e difíceis verdades da vida humana: a morte. Não fomos criados para nos acostumar com a realidade de que a nossa vida, neste mundo, é finita. Nós formulamos sonhos, lançamo-nos em projetos e nos empenhamos em construir para nós mesmos um legado que, muitas vezes, não estamos preparados para deixar inacabado. Poucas pessoas lidam mais de perto com esse cenário do que os profissionais da área da saúde. Na rotina de nossa profissão, temos a oportunidade de lidar, quase todos os dias, com um ponto que toca a eternidade. Recebemos pacientes que em meio às duras provações, apesar de ainda haver esperança, desistiram de lutar e entregaram-se à espera fatalista.

Por outro lado, vemos também pacientes que, mesmo desenganados pela ciência, resistem à ideia de deixar esta vida e decidem lutar com todas as suas forças para continuar existindo. De todo modo, o que observamos de comum em quase todos eles é o medo. Medo daquilo que, para alguns, significa o ponto final e uma realidade completamente desconhecida. E é justamente nesse ponto que podemos fazer a diferença.

Como cristãos, cremos em um "Reino inabalável" (Hebreus 12:28) e vivemos sustentados na firme certeza e na esperança viva de que, passada esta vida, viveremos na Casa do Senhor para todo o sempre. Em meio às dificuldades do dia a dia, reserve um tempo para recordar a firme certeza de sua fé em Jesus Cristo. Dedicar-se ao serviço na área de saúde envolve, pelo menos em algum grau, lidar com a realidade da morte. Mas nós sabemos que ela já não é mais o ponto final. Com Cristo, temos a plena segurança de que seremos ressuscitados com Ele (1Coríntios 15:52; Romanos 6:8). Chegará um tempo em que não haverá mais morte, nem tristeza, nem choro, nem dor. Ele enxugará dos olhos toda lágrima (Apocalipse 21:4). Então, contemplaremos Àquele por quem ansiamos por toda a nossa vida, olho no olho, face a face. E nesse dia tão glorioso já não teremos mais dúvidas. Eis que o conheceremos como somos conhecidos por Ele (1Coríntios 13:12).

Que a certeza da eternidade, na presença de Cristo Jesus, pela Sua graça e pelo Seu amor, console e anime os nossos corações. Como profissionais da saúde que somos, devemos atender, com coração disposto e inteiro ao chamado de Cristo que nos convida e comanda a sermos instrumentos para levar esperança e consolo a um mundo que não conhece a salvação que há no Seu nome. O que você está esperando para anunciar ao mundo a firme razão de sua esperança?

Senhor, obrigado pelo Seu amor infalível e pela esperança viva que temos na Sua graça. Em meio às provações que enfrentamos na área da saúde, ajuda-nos a enxergar todas as coisas de acordo com a promessa de que habitaremos em Tua casa todos os dias de nossa vida. Em nome de Jesus, amém.

Artur Matos Ventura — Estudante de medicina, Fortaleza/CE

Você já o contemplou?

Os céus proclamam a glória de Deus, e o firmamento anuncia as obras das suas mãos. Um dia discursa a outro dia, e uma noite revela conhecimento a outra noite. Não há linguagem, nem há palavras, e deles não se ouve nenhum som. No entanto, por toda a terra se faz ouvir a sua voz, e as suas palavras chegam até os confins do mundo.

Salmo 19:1-4

A rotina de um profissional da saúde é muitas vezes tomada por plantões, aulas, trabalhos e reuniões. Dizer que estamos "na correria" se tornou algo comum e até um motivo de orgulho por parte de muitos. Entretanto, nós esquecemos, em meio ao dia a dia turbulento, da beleza e da importância de também viver a calmaria. Aquietar-se, parar e contemplar a criação de Deus é uma prática essencial e renovadora.

O Salmo 19 me faz imaginar o salmista parado, contemplando as obras de Deus e refletindo sobre a grandiosidade do Senhor. Enquanto nós estamos muitas vezes preocupados em expor nossas qualidades e conquistas, Deus é anunciado pela Sua criação. Um dia fala a outro dia e uma noite fala a outra noite sobre a grandeza do Senhor, e sem usar uma única palavra, a Sua voz ressoa por todo Universo.

O salmista continua o capítulo em um exercício de reflexão que se inicia analisando a criação, continua reconhecendo o valor daquilo que vem de Deus, Seus mandamentos, testemunhos e preceitos, e termina em um momento de autorreflexão sincera, com confissão e súplica por um coração que agrada ao Senhor. Observar a natureza e refletir sobre a criação, leva-nos a uma jornada de análise interna e externa, proporcionando amadurecimento e intimidade com o Senhor. Qual foi a última vez que você o contemplou? Não permita que os dias o sufoquem e as preocupações cotidianas esfriem a sua fé. Crie uma rotina e pare alguns minutos para observar o seu todo-poderoso Deus se manifestar por meio da Sua criação. Faça essa oração durante um momento de contemplação:

Meu Senhor, quão grandiosas são as Tuas obras. Ajuda-me a contemplar os detalhes da Tua criação e que Tu impeças que as preocupações da vida tirem os meus olhos do que é o mais importante. Que olhando para o Senhor, eu possa entender mais de mim e me tornar cada dia mais parecido contigo. Em nome de Jesus. Amém".

João Pedro Araújo Brant — Médico, Belo Horizonte/MG

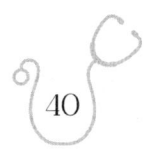

Temor ao Senhor e saúde do corpo

Enquanto calei os meus pecados, envelheceram os meus ossos pelos meus constantes gemidos todo o dia.

Salmo 32:3

Somos o tempo todo pressionados com informações a respeito de como cuidar de nossa saúde e, de fato, este assunto tem se tornado cada vez mais relevante. Sabemos que precisamos cuidar do corpo, prevenir doenças, alimentar-se bem, praticar exercícios. Tudo isso é evidentemente importante. Mas há algo nas Escrituras que precisamos estar atentos.

Muitas vezes, estamos cuidando de todas essas coisas e deixando algo importante de lado. A Bíblia nos diz que a obediência à Palavra de Deus traz vida e saúde para o corpo. Normalmente nos aproximamos de Deus com nossos pedidos e agradecimentos, nossas angústias e preocupações. Porém, na maioria das vezes, não somos sinceros de fato em dizer a Ele o que realmente estamos sentindo. A verdade é que se nos colocarmos diante de Deus sem ter o coração derramado em sinceridade, isso nos levará a orações inúteis pois nada podemos esconder do Senhor.

A oração sincera expõe o que reside no fundo do nosso coração. Estar disposto a reconhecer e obedecer é muitas vezes desconfortável, mas necessário. Se estamos cheios de amargura, ressentimentos, orgulho, falta de perdão, ira, o nosso corpo adoece. O pecado fere o espírito, a alma e o corpo. Como Davi descreveu:

"Enquanto calei os meus pecados, envelheceram os meus ossos pelos meus constantes gemidos todo o dia" (Salmo 32:3). Devemos examinar o nosso coração, pedindo a Deus que nos revele claramente qualquer coisa que precise ser confessada. Andar em obediência à Sua Palavra e estar disposto a reconhecer e confessar os pecados nos garantirá uma vida mais saudável.

Ludimila Cassia Rosa Nakamura — Fisioterapeuta, Londrina/PR

41

Transplante de coração

*Cria em mim, ó Deus, um coração puro
e renova dentro de mim um espírito inabalável.*

Salmo 51:10

Em dezembro de 1967, na África do Sul, acontecia o primeiro transplante cardíaco da história. Apesar do grande feito, o paciente que recebeu o órgão morreu 18 dias após o transplante, acometido por uma pneumonia. A Palavra de Deus nos diz que "enganoso é o coração, mais do que todas as coisas, e desesperadamente corrupto" (Jeremias 17:9). O coração do homem é, por natureza, contrário às coisas de Deus. Ao longo das Escrituras, aprendemos que somente o Senhor deve ocupar o primeiro lugar em nosso coração.

A natureza carnal, contudo, é a todo tempo propensa a permitir que outras ocupações assumam o lugar que somente Jesus deveria ocupar em nossa vida. Como estudantes e profissionais, especialmente, é fácil se perder em meio às muitas ocupações e compromissos requeridos àqueles que escolhem a área da saúde. Faça um autoexame: sobre a última semana. Quem tem ocupado o primeiro lugar em seu coração? A quem você tem destinado o maior de seus amores? Quem tem sido o alvo de seus afetos? Se a resposta para qualquer uma dessas perguntas não tiver sido o próprio Deus, isso é sinal de que há algo que precisa ser mudado. De uma forma discreta e quase imperceptível, podemos estar permitindo que certos amores cresçam mais do que deveriam em nosso coração. E quando nos damos conta, a faculdade, que era uma benção, torna-se um ídolo, e o emprego, que era uma resposta de oração, torna-se um deus.

E em meio a tentativa de atender e de viver o chamado de Deus para nossa vida, perdemos de vista o principal. "Marta, Marta, você está inquieta e se preocupa com muitas coisas, mas apenas uma é necessária" (Lucas 10:41-42). A grande verdade é que não precisamos de outras coisas além de Cristo. O Senhor Deus é, por si mesmo, mais do que suficiente. Só Ele pode curar a doença que há no coração humano. Só Ele é capaz de purificar nossos amores, quebrar todos os ídolos e nos trazer de volta ao primeiro amor.

De forma interessante, a Palavra de Deus, no livro do profeta Ezequiel, registra justamente o seguinte: "Eu lhes darei um coração novo e porei dentro de vocês um espírito novo. Tirarei de vocês o coração de pedra e lhes darei um coração de carne" (Ezequiel 36:26). O Senhor deseja fazer em nós um transplante cardíaco espiritual, e a boa notícia é que o novo coração que Ele deseja pôr em nós nos dá vida, e vida eterna!

Senhor Jesus, obrigado por curares o meu coração. O pecado corrompeu meu ser e me afastou de ti, mas pelo Teu sangue derramado na cruz, sei que o Senhor tem restaurado e renovado meu coração. Por isso, peço-te, Senhor, que me dês um novo coração, manso e humilde como o Teu. A nada e a ninguém eu quero amar mais do que a ti. Ajuda-me a te amar com todo o meu coração. Em nome de Jesus, amém.

Artur Matos Ventura — Estudante de medicina, Fortaleza/CE

42

A satisfação em Deus

Pelo contrário, fiz calar e sossegar a minha alma; como a criança desmamada se aquieta nos braços de sua mãe, assim é a minha alma dentro de mim.

Salmo 131:2

Por vezes, o ambiente no qual estamos inseridos nos faz sempre acharmos que precisamos alcançar mais. Mais especializações, mais cursos, mais títulos, mais rendimentos financeiros. Ou o nosso coração, ao chegar no lugar em que esperava estar, vê-se infeliz e o que antes era tão desejado, já não tem mais o mesmo brilho.

Vivemos em um mundo insatisfeito. Temos almas insatisfeitas. É certo que buscar nos desenvolver profissionalmente e trazer o melhor a nossos pacientes não é um pecado em si. Mas, ao sondarmos o nosso coração, podemos ver quantas vezes essa busca por mais e essa insatisfação são o resultado de um sentimento de orgulho, arrogância e ingratidão.

Se damos voz a nossa alma insatisfeita e seguimos a cultura do mundo de sempre estar em busca de mais, sem que isso signifique a busca pela excelência para a glória de Deus, viveremos uma vida sempre pesada e com murmurações.

A maioria de nós, caso não em nossa prática, por nossa experiência na família, já vimos uma criança que acabou de se alimentar no seio materno. Ela desfruta não só da satisfação física, pela nutrição, mas também de uma satisfação emocional. Ela descansa nos braços da mãe sem preocupações, em plenitude e em leveza. Mesmo que após cerca de 3 horas ela precise se alimentar novamente, o banquete do qual ela desfrutou naquele momento a satisfez. Bastou-lhe.

Diante da constatação de que a nossa alma está insatisfeita, podemos, como o salmista: fazer "calar e sossegar a alma". Ativamente sondarmos nosso coração e, ao perceber o orgulho e a arrogância (v.1), não permitirmos que isso faça morada e seja o motivo que nos impulsiona.

Na presença do nosso Deus e no conhecimento sobre quem Ele é, nossa alma pode de fato aquietar. Na percepção de que fomos vocacionados para servir na área da saúde, nossa alma pode ser grata. No entendimento de que tudo coopera para o nosso bem e tem o tempo certo, ela pode se acalmar, como uma criança que acabou de se alimentar.

E assim, com a alma no lugar certo, podemos sim buscar crescer profissionalmente e não nos acomodarmos. Mas impulsionados pelo desejo de buscar a glória do nosso Deus, servirmos melhor o nosso próximo e fazermos nosso trabalho de uma forma que as pessoas possam conhecer o bom perfume de Cristo. E, ao vivermos de forma leve, descansada e grata, as pessoas ao nosso redor desejarão experimentar também do banquete do qual desfrutamos.

Aysla Rinaldo — Médica, Itapeva/SP

Conhecimento e sabedoria

Faze-me conhecer os teus caminhos, Senhor; ensina-me as tuas veredas. Guia-me na tua verdade e ensina-me, pois tu és o Deus da minha salvação, em quem eu espero todo o dia.

Salmo 25:4-5

Quando iniciei a faculdade de medicina, a vontade de aprender era grande. Debruçava-me sobre os livros para assimilar todo conhecimento possível. Ser médico. Cuidar do próximo. Quanta responsabilidade! Atender uma pessoa com problemas de saúde e solucionar aquele "quebra-cabeça" de sinais e sintomas para chegar num diagnóstico. Lembro-me de um livro intitulado "Cecil Tratado de Medicina Interna" (Editora GEN, 26ªed. 2022) que carinhosamente chamávamos de Cecil, nome do seu principal editor. E nunca me esqueço que no início do livro havia uma frase que marcou o início da minha carreira como médico: "Na arte de curar, deixar de aprender é um crime" (Dr. Samuel Hahnemann).

Os anos se passaram e ainda continuo estudando. Faculdade, residência médica, cursos, congressos, horas e mais horas em leituras de artigos etc. As pessoas procuram os profissionais de saúde porque querem uma explicação, uma cura, um conforto, um alívio, um ombro para se amparar. A responsabilidade só aumenta.

E então, Jesus Cristo me alcançou e me transformou. "As coisas antigas já passaram; eis que se fizeram novas." (2 Coríntios 5:17).

Agora as pessoas me procuram não apenas por ser médico, mas porque sou um profissional da área de saúde e cristão. Perguntam-me sobre Deus, querem um versículo para ampará--los. Muitas vezes, isso gera um aconselhamento pastoral.

A pergunta que faço para todos nós (sim, eu também me incluo) é: Estudamos muito para conseguir ser o que somos hoje como profissionais. E agora, com Deus em nossa vida, quanto tempo passamos lendo e principalmente estudando a Bíblia diariamente? Quanto tempo investimos em oração? Quantas vezes jejuamos por semana? Quantas vezes participamos de eventos, de encontros, de células da nossa igreja?

Martyn Lloyd-Jones largou sua promissora carreira como médico cirurgião para se tornar pastor e um dos grandes pregadores do século passado. Sua justificativa para tal atitude era que estava cansado de cuidar de pessoas para que estas vivessem mais algumas décadas e voltassem a pecar. Ele queria cuidar de pessoas para que Jesus Cristo as salvasse, não para viverem tempo maior neste mundo, mas para viverem a eternidade com Ele.

A busca por conhecimento e sabedoria não deve ser negligenciada na vida cristã. Se Deus está acima de tudo em nossa vida, nada mais justo do que Ele ser prioridade em tudo o que fazemos. Continuarei estudando medicina, sim, pois sei que esse privilégio me foi dado para que Ele me use nos hospitais. Porém, nada é mais importante do que Deus. Do mesmo jeito que posso errar em um tratamento médico se não estudar, posso falar coisas para uma pessoa que não estão de acordo com a vontade de Deus. E uma vida pode se perder para o todo sempre.

Somos profissionais da área da saúde e cristãos. Cuidamos de pessoas que estão doentes tanto físico, emocional quanto espiritualmente. Nossa dedicação a Deus deve ser prioridade. Não digo que é fácil, muito pelo contrário. No entanto, é necessário, para que almas perdidas nos hospitais possam ter uma vida plena neste mundo e depois viverem a eternidade com Cristo Jesus.

Dan Janos Hiroshi Nakamura — Médico, Londrina/PR

Cuidando do corpo e da alma

Assim como a corça suspira pelas correntes das águas, assim, por ti, ó Deus, suspira a minha alma.

Salmo 42:1

Como é espantoso o desenvolvimento tecnológico da medicina. Temos exames de imagem que conseguem ver detalhes surpreendentes do corpo humano sem precisar dissecá-lo. Há cirurgias sendo realizadas por robôs e temos remédios para diversos tipos de males e muito mais. É inegável o valor de tudo isso para os cuidados do ser humano. Porém, chegamos num momento em que cuidamos de doenças e *tratamos* exames, correndo o risco de esquecer que por trás de tudo isso existe uma pessoa, um ser humano.

A Organização Mundial de Saúde já havia definido a saúde, não como a ausência de doenças, mas como o completo bem-estar físico, mental e social. Décadas depois, o termo espiritual foi acrescentado a esta definição, mostrando a importância de se abordar esse tema.

Vários artigos científicos foram publicados, colocando em evidência o valor do cuidado espiritual no tratamento dos pacientes. A própria Sociedade Brasileira de Cardiologia, em 2019, dedicou uma seção de suas Diretrizes de Prevenção Cardiovascular ao tema Espiritualidade. Assim como orientamos atividade física, alimentação adequada e vários outros cuidados, é necessário orientar e desenvolver a espiritualidade para um cuidado holístico do ser humano. E se usamos o jargão "é preciso cuidar de si mesmo, antes de cuidar do próximo", a busca por uma intimidade com Deus deve fazer parte da nossa rotina, sabendo que essa atitude terá impacto não apenas em nossa saúde espiritual, mas também na nossa saúde física. E então, ao cuidarmos primeiro de nossa alma, com Deus em nosso coração, devemos nos lembrar de uma parábola que Jesus nos ensinou ao cuidarmos de um paciente:

"Porque tive fome, e vocês me deram de comer; tive sede, e vocês me deram de beber; eu era forasteiro, e vocês me hospedaram; eu estava nu, e vocês me vestiram; enfermo, e me visitaram; preso, e foram me ver." —Então os justos perguntarão: "Quando foi que vimos o senhor com fome e lhe demos de comer? Ou com sede e lhe demos de beber? E quando foi que vimos o senhor como forasteiro e o hospedamos? Ou nu e o vestimos? E quando foi que vimos o senhor enfermo ou preso e fomos visitá-lo?" O Rei respondendo lhes dirá: "Em verdade lhes digo que, sempre que o fizeram a um destes meus pequeninos irmãos, foi a mim que o fizeram" (Mateus 25:35-40).

Não estamos cuidando apenas de um paciente. Devemos cuidar como se estivéssemos fazendo ao próprio Cristo Jesus. Portanto, façamos sempre com muito amor.

Dan Janos Hiroshi Nakamura — Médico, Londrina/PR

Descanso e acalento no Senhor

SENHOR, não é orgulhoso o meu coração, nem arrogante o meu olhar. Não ando à procura de coisas grandes, nem de coisas maravilhosas demais para mim. Pelo contrário, fiz calar e sossegar a minha alma. Como a criança desmamada se aquieta nos braços de sua mãe, assim é a minha alma dentro de mim. Espere, ó Israel, no SENHOR, desde agora e para sempre.

Salmo 131

A experiência do parto é uma das mais profundas e intensas na vida de uma mulher. Durante meu estágio de obstetrícia e ginecologia, pude testemunhar em primeira mão a dor e a alegria desse momento único. Tão bela cena, após um trabalhoso parto, nasce a criança e, nos braços maternos, o bebê repousa seguro, envolvido no mais doce amor materno.

Este momento de intimidade e segurança entre mãe e filho nos faz refletir sobre a relação que podemos ter com Deus. Assim como uma mãe cuida de seu filho com amor incondicional, Deus nos convida a nos aproximarmos dele, nos livrando de todo orgulho e soberba. É nos braços do Senhor que encontramos verdadeira paz e descanso, depositando nossa confiança em Seu amor perfeito.

Antes desta segurança vem as dores de parto, assim como uma mãe sofre no momento do parto, suportando toda dor para dar à luz a seu filho. Podemos enxergar os sofrimentos de Jesus, que na cruz carregou nossas culpas e pecados. Por meio do sacrifício de Cristo, somos feitos uma nova criação e experimentamos uma alegria completa em Sua ressurreição ao terceiro dia.

Assim como uma criança nos braços da mãe, podemos nos lançar nos braços do Senhor, despindo-nos de todo orgulho e soberba. E estar nos braços do Senhor é algo maravilhoso e incomparável. Nele encontramos paz e entregamos todas as nossas preocupações, experimentando uma profunda adoração.

Agora podemos repousar em completa segurança e esperança eterna no Senhor.

Vivian Sayuri Araki — Estudante de medicina, Marília/SP

46

A preciosidade da vida

Pois tu formaste o meu interior, tu me teceste no ventre de minha mãe. Graças te dou, visto que de modo assombrosamente maravilhoso me formaste; as tuas obras são admiráveis, e a minha alma o sabe muito bem. Os meus ossos não te foram encobertos, quando no oculto fui formado e entretecido como nas profundezas da terra. Os teus olhos viram a minha substância ainda informe, e no teu livro foram escritos todos os meus dias, cada um deles escrito e determinado, quando nem um deles ainda existia.

Salmo 139:13-16

Esquecemos durante nosso viver o real valor da vida, invertemos significados, normalmente usaríamos objetos e coisas, como ferramentas que poderiam quebrar e ser trocadas e descartadas, e utilizá-los para cuidar de vidas, demonstrar amor e carinho. Mas quando nos deixamos levar pelas distorções do valor da vida, passamos a amar objetos e coisas e desprezar e descartar pessoas.

Hoje em dia numa sociedade com tantos conceitos distorcidos e afundada no pecado, o valor de uma criança sendo gerada se torna desprezível. Há protestos para se defender a causa de uma bactéria que nada faz, quando encontrada em algum lugar desolado.

Mas quando lemos este salmo, percebemos quão preciosa é a vida, e como o Senhor acompanha de perto. Quando estudamos sobre possíveis complicações em uma gestação, percebemos que o que não faltam são fatores de risco, e que existe muitos motivos para o parto não ocorrer. Mas ele ocorre, e o Senhor acompanha de perto, nosso embrião não estava escondido do Senhor, Ele guiou nossa formação ainda no ventre da mãe. Nossos ossos, cada nervo, músculo, cada célula, o Senhor conhece, e determinou nossos dias antes mesmo que eles existissem. Ele nos acompanha de tão perto, sabe quando nos levantamos e nos deitamos, quando caminhamos e dormimos, e mesmo antes de dizermos qualquer palavra, Ele já conhece bem o que vamos dizer.

Preserve a vida, valorize o dom precioso que o Senhor nos deu que é a vida, e saiba que Ele tem cuidado de nós.

Vivian Sayuri Araki — Estudante de medicina, Marília/SP

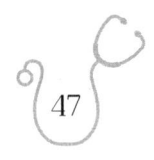

Deus, o refúgio divino

*Porque não desprezou nem detestou a dor
do aflito, nem ocultou dele o seu rosto, mas o ouviu,
quando lhe gritou por socorro.*

Salmo 22:24

No começo desse salmo há a frase que, no Calvário, nosso Cristo clamou: "Deus meu Deus, por que me desamparaste?" (Salmo 22:1). Essas palavras ecoaram do próprio Cristo, carregando consigo a mais profunda angústia e solidão que jamais se abateu sobre um ser humano. Como nosso representante, Ele experimentou a separação do Pai, carregando sobre si todos os nossos pecados para satisfazer a justiça divina. Ó quão grande amor do Altíssimo por nós.

Comecei, assim, a meditar nas palavras do Filho de Deus durante meus estágios e plantões, quando enfrentava momentos de profunda angústia e sensação de impotência diante do sofrimento que parecia esmagador. Incomparável era o conforto, ao ver que a angústia de Cristo expressa em palavras e atos foi necessária para permitir que nós, Seus filhos, fôssemos vistos por Deus, pois o Cordeiro já sentiu o peso da separação do Pai por nós. O Pai nos vê, Seus olhos estão sobre nós e Seus ouvidos atentos ao nosso clamor!

Isso me faz sentir como uma filha amada. O Filho do Homem sofreu, e por isso hoje podemos buscar refúgio no cuidado divino. Esse caminho aberto tornou-se âncora em meio às tempestades da prática médica, lembrando-me constantemente de que não estou sozinha e de que posso encontrar força na presença reconfortante de Deus.

A súplica de Cristo para que o Pai não se afastasse dele ecoou em meu próprio coração, pois anelava pela proximidade de Deus em momentos de grande necessidade. Nas noites de plantão, quando a fadiga ameaçava roubar minha esperança, eu aprendi com Cristo e assim, clamava: "SENHOR, não te afastes de mim" (v.19), buscando a presença divina para sustentar-me em meio às adversidades. Aprendi que, mesmo nos momentos mais difíceis, posso confiar que Deus está no controle e que Ele me capacitará para cumprir minha missão de cuidar daqueles que estão sofrendo.

Que possamos, assim como Cristo, encontrar refúgio no amor compassivo do Pai, buscando força e consolo em Sua presença durante os momentos de agonia e desespero. Que nossas vidas e nossas práticas profissionais sejam marcadas pela confiança inabalável no cuidado divino, capacitando-nos a ser instrumentos de cura e esperança para aqueles que estão em necessidade. Amém.

Vivian Sayuri Araki — Estudante de medicina, Marília/SP

48

Intimidade

A intimidade do SENHOR é para os que o temem, aos quais ele dará a conhecer a sua aliança.

Salmo 25:14 (ARA)

Não há nada mais precioso do que viver uma vida de intimidade com Jesus. Entre todas as atividades com que nos envolvemos e todos os compromissos que assumimos, não há nada que seja de maior importância do que a nossa profunda necessidade de conservar um relacionamento de proximidade com o Pai. Davi foi um dos homens da Bíblia que melhor entendeu o que significa desenvolver um relacionamento com Deus. Sendo rei de Israel, grande conquistador e um poderoso estrategista militar, Davi é lembrado hoje, principalmente, por ser considerado o homem segundo o coração de Deus (Atos 13:22). Talvez você, assim como eu, esteja se perguntando o que havia de tão diferente no filho de Jessé. E a resposta é que ele, diferente de muitos de nós, entendeu a realidade de que uma só coisa é necessária (Salmo 27:1).

Quando Davi percebeu que a presença de Deus era tudo o que ele precisava, ele dedicou sua vida inteira a buscar estar em constante e íntimo relacionamento com o Senhor. E a partir deste ponto, as outras coisas passaram a não importar tanto para Davi. Ele entendeu a maravilhosa verdade acerca daquele por quem sua alma suspirava e desfalecia, e isso era mais do que necessário.

No Salmo 25:14, Davi fala sobre a intimidade com Deus de uma forma interessante. O termo hebraico utilizado para a palavra "intimidade", de acordo com o léxico de Strong, dentre outras possibilidades, pode ser utilizado para se referir ao divã. O divã, uma espécie de sofá, é utilizado pelos profissionais da alma, isto é, os psicólogos, para ouvir de seus analisados confissões acerca das mais íntimas e profundas verdades.

Ao escrever o Salmo 25 e fazer a declaração que lemos no 14º versículo, Davi diz que àqueles que temem ao Senhor, Ele mesmo se põe no divã e revela sua intimidade a nós. Ainda que seja completo e pleno em si mesmo, o Senhor Deus deseja se fazer conhecido por nós. Qual foi a última vez que você se colocou no lugar secreto de oração, para buscar unicamente a presença de Deus e nada mais do que isso? Reserve um tempo, ainda que em meio à intensa correria do cotidiano, para se colocar na presença de Deus, conversar com Ele e procurar, genuinamente e com todo o coração, ouvir à Sua voz e aos desejos mais profundos de Seu coração.

Senhor Deus, muito obrigado pelo Teu amor e pela Tua bondade infinita. Muito obrigado porque, ainda que o Senhor não precise de nós, o Senhor deseja que nós o busquemos e tenhamos intimidade contigo. Eu te agradeço, Jesus, porque somente por meio de Ti eu posso estar em Tua presença. Ajuda-me, Senhor, ao longo deste dia, a manter-me com meus olhos e meu coração inteiramente focados em Ti. Quero conhecer-te, Jesus, e fazer-te conhecido. Em nome de Jesus, amém.

Artur Matos Ventura — Estudante de medicina, Fortaleza/CE

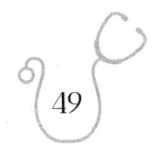

Cânticos de livramento

Tu és o meu esconderijo;
tu me preservas da tribulação e me cercas
de alegres cantos de livramento.
Eu o instruirei e lhe ensinarei o caminho
que você deve seguir; e, sob
as minhas vistas, lhe darei conselho.

Salmo 32:7-8

Ontem fui dormir triste, remoendo algumas questões e hoje pela manhã a tristeza permanecia, ficou por aqui sem nenhum convite.

Pode soar estranho a expressão de convite à tristeza, mas tenho aprendido nesses últimos anos a me acolher sem alguma pretensão de respostas, e deixar os sentimentos fluírem e nesses períodos com emoções flutuantes não tomar grandes decisões. Nessas passagens, desenvolvi melhor minha relação com Deus, tenho maior confiança nele, sinto-me mais leve, tenho conversas mais profundas, despretensiosas e sinceras que formaram um perfeito lugar de refúgio, o esconderijo no colo do Pai, um lugar que como Davi, Ele me preserva da angústia, e como isso é gostoso. Confesso que nem sempre é prazeroso; até porque conversar com Papai e durante a conversa perceber que Suas questões são tão pequenas e que o processo em que elas se desencadearam, em parte, quando não em muitas vezes, foram devido às minhas escolhas, meus desejos, meus pecados.

Hoje estava esperando que Ele me cercasse de cânticos de livramentos, eles sempre chegam e chegaram hoje algumas horas depois, já bem no final da manhã.

Davi coloca que foi cingido de alegres cantos de livramento.

Eu fui envolvida com músicas alegres que me trouxeram a memória a bondade e misericórdia de Deus as quais têm me alcançado desde sempre

Interessante que são cânticos que vêm de fora e permeiam o ambiente, renovando as lembranças de promessas, a promessa de que Seu amor não tem fim e nada pode nos separar deste amor: amor doação, amor aceitação, amor acolhimento.

Lembram-nos dos tempos de plantões pesados, agitados, com muitas intercorrências; seguidos de dias na rotina incomuns no meio da família, decisões a serem feitas. Desligo-me do mundo e vou para o colo do Pai, meu esconderijo secreto, como se um portal abrisse caminho pra Nárnia e fosse logo saudada por Aslam. Sim as coisas ainda podem estar esperando por minha decisão, mas sou Maria e não perco a oportunidade de trazer para a realidade um ambiente transformado por este encontro.

Um encontro e recebo a quietude e ganho a certeza do caminho a tomar e a confirmação de que Seus olhos, na verdade Ele, estará sempre comigo. Deus é lindo, né?

Maria da Conceição Antônio — Médica, Rio de Janeiro/RJ

50

Deus nos vê, ouve, cuida e ama

Quando contemplo os teus céus, obra dos teus dedos, e a lua e as estrelas que estabeleceste, que é o homem, para que dele te lembres? E o filho do homem, para que o visites?

Salmo 8:3-4

Distraio-me com certa facilidade e as vezes imerso em algo bem específico esqueço do mundo. E por vivência o que sempre capta minha atenção é a natureza criada que me conduz a adoração. Lembro-me de meu preparatório para missões em um seminário na Tijuca, no Rio de Janeiro, em uma área cujos fundos pertence a Floresta da Tijuca. Assim era bem comum as visitas nos jardins de animais desta floresta: pássaros diversos, saguis mico-estrela, pica-paus dentre outros. Para alegria do meu coração e prejuízo de meu aprendizado ao ouvir um som diferente, perdia totalmente a atenção da aula e era preciso decisão e disciplina para trazer a atenção de volta à sala de aula. Vivi momentos de adoração únicos no jardim de oração.

Contemplo Deus por meio de Sua criação e ao observar os detalhes nos diversos seres e suas formas na natureza, sua beleza, suas diversidades e especificações, tudo tão perfeito. Deus é maravilhoso e criativo.

E ao longo desses meus 57 anos, as vezes quando tudo está agitado, confuso, difícil, as soluções não surgem para certa situação levo minha mente por uns instantes, fora da situação, e crio um espaço fora do tempo em minha mente e vou para meu jardim secreto de adoração e caminho pelas obras criadas, trazendo as palavras do próprio Filho que diz que valemos mais do que as aves dos céus e os belos lírios do campo. Por vezes, algo fantástico acontece, algum pássaro ou outro ser surge na cena, algo da flora está à vista, ou uma canção citando a natureza. E o que parecia tão difícil, incerto, desconfortável, torna-se mais claro, as resoluções chegam.

Quem somos nós, para que Ele nos confiasse Suas obras para delas cuidarmos?

Pai bondoso, Deus tremendo em força e verdade, quão maravilhoso é contemplá-lo. Suas obras tão únicas nos levam a imaginar o quão belo e perfeito o Senhor é.

E com toda Sua magnificência, adorá-lo e reconhecê-lo como Senhor flui sob o comando do Espírito Santo que nos permite identificá-lo.

Aleluias!

Em meio a nossas rotinas, podemos sempre trazer em mente citações da Bíblia que nos levam à adoração e ter certeza de que o Todo-poderoso, Deus do Universo é nosso Pai que se importa conosco. Os dias podem ser difíceis, as situações ruins intermináveis e sem soluções, cometermos erros, sermos incapazes; entretanto Ele nos ama e sempre tem o melhor para nós e não nos desampara. Seu amor é terno e eterno.

E a pergunta do salmista não fica sem resposta; ele mesmo segue com afirmações que Deus deu domínio sobre as obras de Suas mãos aos homens. Em que reside também nossa responsabilidade de cuidar pois "coo é magnífico o teu nome em toda terra" (v.9).

Maria da Conceição Antônio — Médica, Rio de Janeiro/RJ

51

O bom Pastor

*Ó Eterno, meu pastor! Não preciso de nada. [...]
Tua bondade e teu amor correm atrás de mim Todos os dias
da minha vida. Assim, vou me sentir em casa no templo
de Deus Por todo o tempo em que eu viver.*

Salmo 23:1,6 (MSG)

Certamente o salmo 23 é um dos salmos mais conhecidos, ele possui uma riqueza de verdades que somente aquele que afirma: "O Senhor é meu Pastor", pode experimentá-las.

Não necessito de mais nada, nele tenho tudo o que preciso. Mesmo que eu esteja atravessando um vale escuro como a morte ou assistindo um paciente pelo qual sou responsável como profissional, não preciso temer nada, porque Ele está ao meu lado e Sua fidelidade me traz segurança. Mesmo que eu seja infiel, Ele permanece fiel.

Um Deus de graça e misericórdia, o qual posso chamar de Pai por intermédio de Seu Filho Jesus Cristo, garante-me que, mesmo eu não sendo digno de nada e incapaz de retribuí-lo, continua fazendo e me dando tudo o que necessito. Não sinto falta de nada! O versículo 6 afirma que Ele mesmo corre atrás de mim com Sua bondade e amor todos os dias da minha vida, até me levar para viver eternamente no Seu Lar.

Falando do Bom Pastor, lembrei-me e vou compartilhar uma história que ouvi na minha infância. Em uma ocasião, no passado, quando ainda não existiam medicamentos disponíveis e eficazes para o tratamento da tuberculose, um jovem cristão, portador desta patologia, foi enviado para receber tratamento específico nos Alpes. Certa manhã o jovem encontrou um idoso pastor de ovelhas, que apascentava nos pastos verdejantes das montanhas. O jovem aproximou-se dele e iniciou um diálogo, fazendo disso um costume diário. Tal atitude os levou a estabelecer um vínculo de amizade. Com o tempo, passaram a se conhecer melhor e o jovem percebeu que seu velho amigo não conhecia a respeito do "Bom Pastor" (João 10:14) que veio para resgatar as ovelhas perdidas, por isso compartilhou com ele sobre essa verdade.

Chegado o tempo de o jovem deixar aquele lugar, prometeu ao seu amigo, que quando possível voltaria para visitá-lo. Foi então que o ancião, que era analfabeto, perguntou como poderia gravar em sua memória, já debilitada, a respeito do Bom Pastor. O jovem pensou e segurando a mão do amigo o ensinou: O dedo polegar representa "O", o indicador "Senhor", o mediano "é", o anelar "Meu" e o mínimo "Pastor". Foi assim que o velho pastor conseguiu memorizar, repetindo o simples ensinamento por várias vezes.

Anos se passaram até que o jovem retornou àquela antiga aldeia para visitar seu velho amigo, mas infelizmente não o encontrou vivo. Os outros pastores contaram, que quando encontraram o corpo, ele segurava o dedo anelar esquerdo, isso havia os surpreendido muito e não entendiam o porquê daquela posição, mesmo assim o sepultaram dessa forma. O jovem, então lhes explicou e trouxe à luz o significado do enigma: O dedo anelar representa "meu", de: "O Senhor é meu Pastor".

Querido Pai, agradeço-te por Teu amor incondicional revelado por intermédio do Teu Filho amado, o qual pagou a minha dívida impagável, atraiu-me na Sua morte para que em Sua Ressurreição eu ganhasse uma nova vida, não terrena, mas eterna em Tua presença. Agradeço-te muitíssimo por Tua graça e misericórdia que me abrigam em Teu aprisco e por Jesus Cristo, meu Pastor e Salvador. Amém!

Edgar Schiefelbein — Médico, Curitiba/PR

Confiante na Tua graça

Quanto a mim, confio na tua graça;
que o meu coração se alegre na tua salvação. Cantarei
ao SENHOR, porque ele me tem feito muito bem.

Salmo 13:5-6

Como é importante na nossa caminhada cristã, a convicção da graça e da salvação em Cristo. Às vezes, em fases da vida de muita alegria e que tudo parece que está indo muito bem, recebemos uma notícia inesperada. Diagnósticos sombrios atrapalham nossos planos e projetos de vida. Precisamos parar tudo para cuidarmos da nossa saúde. Muitas dúvidas e perguntas surgem: por que comigo? Por que agora? Isso não poderia acontecer agora! Quem vai me substituir no trabalho? Às vésperas do casamento do filho, da formatura da filha ou da tão sonhada viagem, precisamos de uma pausa forçada.

Em momentos como esse aprendi a perguntar "para quê, Senhor?" ao invés de "por quê, Senhor?". Trazer à memória todo o bem que o Senhor tem feito a nossa vida desde que fomos alcançados pelo Seu amor: o perdão dos nossos pecados, a redenção em Cristo e tão grande salvação, ajuda-nos a confiar em Sua graça e misericórdia.

Que nossos lábios estejam cheios de louvor ao Senhor nos momentos de alegria e sobretudo nos momentos de dor. Somos discípulos daquele que nos ama.

Soraya Dias — Médica, Belo Horizonte/MG